分割自我復元理論

無明庵 EO

まえがき

この小冊子は、「**分割自我理論**」という大変に難しいテーマについて、
中学生から高齢者までを対象とした「分かりやすい説明」を試みたものです。

「分割自我理論」は、「**無明庵**」というウェブサイトの
「**梅の間掲示板**」と「**桜の間**」に、詳細が書かれており、
また実際に自我を復元する方法を語りで説明した「**分割自我復元**」というDVD
が既に 2010 年 6 月に発売されています。

しかし、そうした資料を知らない人や、そうした話を初めて聞く人、
そうした話に全く縁のない人たちの為に、この小冊子を書き下ろしました。

既に「分割自我理論」を知っている人が、他人に紹介するときも便利な
冊子であると同時に、既にそれを知っている人自身も、
もう一度、理解をしておくためにも、役に立つでしょう。

この冊子の中に出てくる話は、ひとつの「おとぎ話」です。
しかし、もしも読み終えた時に、それが「おとぎ話」ではなく、
現実の事かもしれないと貴方に思えたら、
この冊子は、その役目を果たしたことになります。

人間は、何事も安易に信じてはいけません。自分の頭と経験で考え、
最後まで物事を疑う知性を持っていなければなりません。

だからこの冊子に書かれた事についても、
ひとつの「仮説」または「神話」として、捉えてください。

2011 年 7 月 26 日　鈴木崩残　記

無明庵の本は自らの責任で
自分の人生を生きる覚悟のある方のみ、お読み下さい。

分割自我復元理論　目次

「ある事件」が起きる前の人類とそれ以後の人類の違い…………6
　【不正行為の開始】………………………………………………13
分割自我について知るための「資料」……………………………18
　【分割自我理論が提示された時期】……………………………21
　【分割自我論と、他の精神主義との違い】……………………22
　【希釈自我＝生きている実感の欠如】…………………………25
　【今までに起きた二つの不幸】…………………………………26
　【犯行現場の説明】………………………………………………30
　【希釈自我を選択するもう一つの理由】………………………35
　【強制できない。だから騙す】…………………………………37
もう一度、分割自我の概念の復習…………………………………41
なぜ希釈自我を根本原因と結論したか？…………………………51
希釈自我・分割自我からの脱出口…………………………………57
地球という「土地」に立つ、ころころ変わる店舗………………68
地球という名の、廃業寸前の遊園地………………………………77
ざっくりとした地球人類史…………………………………………82
「分割自我」と「希釈自我」の違い………………………………92
　【転生の主体性それ自体が分割される】………………………93
　【希釈自我という地獄絵】………………………………………99
　【自我率が高くても油断できない】……………………………104
希釈自我が引き起こした、最大の地獄絵図………………………108
あなたの次の生に待ちうける地獄…………………………………112
心理学における自我の概念との違い………………………………115
　【分割自我への観察】……………………………………………123
現在の問題点…………………………………………………………127
自我の外郭は伸縮している？………………………………………132
自我判定の雑記………………………………………………………136

自我復元が困難な人々……………………………………………142
スタートが困難な人たち…………………………………………147
　【自我率の判定結果が、1/10自我以下だった方へ】……………151
朝の回収は大切にして下さい……………………………………154
なぜ自我の取りこぼしがあるのか？……………………………157
　【自我復元法の一部変更】…………………………………………164
　【自我復元法の最終目的】…………………………………………167
　【DVDをもう一度よく観て下さい】……………………………169
イメージしている途中で雑念になってしまう人………………177
勘違い系のモラルに囚われるタイプ……………………………188
　【では、最良の「釣り場」はどこか？】…………………………190
真夜中に、この「狂気の世界」から離れ、「独り」になる時間を持つ事…193
無明庵の基本概念…………………………………………………199
　【進化とは？】………………………………………………………200
　【ではその宇宙とは何か？】………………………………………201
　【地球の人類とは？】………………………………………………201
　【人間は宇宙意識を持つか？】……………………………………202
　【人間よりも高次な存在は在るか？】……………………………203
　【分割自我】…………………………………………………………204
　【自我の復元は可能か？】…………………………………………205
　【結語】………………………………………………………………207
一体いつまで、飼いならされているつもりか？………………210
宇宙では無神論者が多数派………………………………………213
　【絶対者は自らを絶対者と証明できない】………………………220
いいかげんに、自立したらどうなんだ？………………………224
無明庵の目的は、地球の人間の自立のみ………………………228
巻末資料　自我復元の為の呼びかけ方…………………………233

「ある事件」が起きる前の人類と
それ以後の人類の違い

●それでは、いきなり、「おとぎ話」から始めましょう。
人間が地球という惑星で類人猿から進化したのではなく、
他の宇宙から来たのではないか、といったお話は、
世間にも、よくある「一つの説」です。
ただし、この考え方には三つの種類があります。

ひとつは、現在の私たちの体が、もともとはいくつかの他の宇宙の種族が
元になっているという考え方。
もうひとつは、外宇宙の誰かが、
地球の類人猿に遺伝子操作をして現在の人類を作ったという考え方。
しかし、私はこの部分は、別にどちらでもいいと思っていますし、
また、こんなSFのような話はどうでもよくて、
人間が猿から進化したものだとしても全く構いません。
ようは、「肉体としての人間」の起源については、どうでもいいのです。
問題はその肉体に入っている「何か」は、どこから来たのか？です。
そこで、第三番目の考え方は、
この肉体に入っている「何か」は、昔から「魂」などとも呼ばれ、肉体が死ぬと、
それが他の世界に移動したり、または別の受精卵の中に入って人間として生まれる、
という考え方です。
今では「なんとなくそういう事もあるかもしれない」と思う人が
世の中の大半を占めています。つまり人間は輪廻転生する「という考え方」です。
ただし、この小論では、前世や来世があるかないかは、それとは別問題とします。

●さて地球上の人間の「肉体」がどこから来たのか、作られたのか、生じたのか、
といった問題は論じないとして、もしもそこに魂のようなものが、肉体とは別のも
のとして入っていたとしたら、それは「どこから来たのか？」という疑問があります。
そこで、ここからは一つの「おとぎ話」をしてみましょう。
そのおとぎ話の舞台は、この地球です。
たとえば、あなたの魂が、元々は、
アンドロメダや、シリウスや、プレアデスやオリオンといった他の銀河系や
他の宇宙に住んでいたとします。
そこで、「次のような遊園地の施設」が地球という星で作られたという広告を、
あなたはどこかで見たとします。

募集広告
『本物の恐怖と快感を、あなたも、絶叫体験できます。』

まるで、ジェットコースターの宣伝文句みたいですね。
しかし、その乗り物に乗るためには次のような契約書があり、それに同意するサインを書かないと、あなたはその「地球という遊園地の乗り物」に乗れません。
その契約文は以下のようなものでした。

■1-地球があなたに提供する娯楽は、それがよくあるバーチャルな幻想ではなく、
「絶対に、これは夢ではなくて、本物だ」と思えるような「現実感覚」です。
あなたは、その遊戯施設から出るまでは、
それを疑う事のない現実感覚として体感し、それに熱中できます。

■2-ただし、あなたがその遊戯施設を楽しむ為には、
今のあなたのその肉体と精神では経験できません。
そこで、あなたには「人間」という肉体に着替えて戴きます。
その為には、現在お持ちの肉体をいったん機能を停止し、
人間の肉体の中に生まれる、という手続きをして戴くことになります。

■3-この人間という肉体は、
地球という遊園地で経験することを「現実だ」と思える為の装備をしてあります。
あなたは、その装備によって、次の感覚を経験できます。
光、色、音、味、香り、温度感覚や圧力感覚です。
つまり熱いとか、寒いとか、さらには、痛いとか、心地よいという感覚を
経験できます。
ただし、人間の装備をつけた場合には、空腹や性欲の管理もしなければなりません。
今のあなたは知らないでしょうが、「食べる」という行為をしなければなりません。
また、「排泄する」「眠る」という行為や「生殖」という行為、
さらには、「痛い」という未知の感覚も、経験することになります。
この「痛い」という感覚は、現在の皆さんも知っている、「死ぬ」または「消滅する」
「無くなる」といった事態が生ずる前、又は生じた後に出る感覚信号に似ています。

■4-さて、これらの少し不愉快な事が起きるその一方では、
あなたは、今の状態では、決して経験できないような、
次の楽しみを得ることが出来ます。
今のあなたは、他人と自分の区別が曖昧で、
また、一人だけで自由に考えることが出来ません。
また、今、感じている世界も、平和ですが、
とても退屈で、いつも同じことばかりが繰り返されている事でしょう。

しかし、地球という遊園地の「人間」という乗り物に乗れば、
あなたは一人だけで、自由に何でも想像したり、考えたりすることが出来ます。
また、今のような幻想的で退屈な宇宙ではなく、
まるでしっかりと実在しているかのような感覚の世界を経験できて、
さらに、その感覚を他のお客様とも共有できます。
ただし、今皆さんには、他人の考えていることが自分の考えと区別できませんが、
人間に生まれれば、他人の考えていることは理解できなくなり、
またあなたが考えることは他人には理解できません。

つまり、自由に考えることが出来るようになりますが、
他人の事を理解できなくなりますので、若干ですが、皆さんには
今までに経験した事のない「誤解」という現象が起きます。
しかしこの「誤解」、つまりお互いの「思考の互換性」が失われることが、
地球での娯楽経験をより愉快なものにしている点を、くれぐれも理解してください。

■5-この地球という惑星に作られた「人間」という乗り物に、
あなたの魂が乗るためには、今までに説明したような、
不愉快な事も起きることを承諾して戴くと共に、次の点にも、同意して戴きます。
人間として生まれる場合に、肉体という衣服に着替えるわけですが、
そこでは、まず、「自我」という下着を着て戴きます。

この「自我」は、それを着ると、今あなたが経験しているような
平安で、他者や外界との区別が少ない状態からは大きく一変して、
あなたは「自分と世界」が「完全に分断された」という、
今のあなたにとっては、全く未知の感覚を経験することでしょう。

「自我」はこの断絶感覚を作る為の、とても重要な「殻」であり、
あなたの「保護膜」であり、それは、人間に生まれたときに、
場合によっては、「孤独」という奇妙な感情を生じますが、ご心配は、いりません。
「自我」という下着を着るということは地球での楽しみを最大にする為の要素です。
それにより貴方は「肉体と自我」という狭い「器」に「圧縮」されます。
この圧縮処理は、あなたの魂が、人間のメスの体内の「胎児」の中に
インストールされる時に起きます。

突然に、とても狭い空間にあなたの意識が急激に押し込められますので、
その瞬間だけは、少しショックが大きいかもしれませんが、
すぐに慣れますのでご心配は必要ありません。
地球時間で約10ヶ月の間、あなたは心地よい状態で人間の第一次経験を過ごします。
その後に、あなたは本格的に、その「遊園地」に解き放たれます。

■6-そして、とても大切な「次項」への同意が必要です。
地球での「人間という乗り物の体験」を終える時に、
それまであなたが経験して、発した、人間に固有の「感情」については、
「入星管理」と「乗り物の提供」をしております「当局」への「お支払い」として、
提供して戴きます。

この「お支払い」は、当局が、地球という遊園地において、
皆様に提供する、この「圧縮型・人間体験ツアー」の為に貸し出す
「肉体と自我」に対する使用料金となります。
「感情」について、まだ、ご存知ない、お客様に説明いたしますと、

この「感情」とは、次のような場合に、
皆様が乗り込む「人間」に発生する「振動波」です。
空腹、性欲、寒さや熱さの感覚、圧力、
各種の痛みによって自動的に発生する感情の他、
痛みの緩和や弛緩による安心感や、特定のものに対する偏愛の感情や、
さらには、人間に固有の、悲哀感、憎悪、殺意、葛藤、絶望感
といった心理的な感情波も含まれます。
これらの感情波は、ご存知のように、当局の親会社である「製薬会社」に納品され、

地球産の「感情作物原料」として扱われます。
この「感情」という作物原料は、
皆様がよくご存知で、よくご利用されている、「医薬品」として精製されます。
この宇宙での「生活の退屈さ」を軽減する為に、
皆様が、毎日使われている「薬物」としてそれは販売されています。
従いまして、その薬物の原料を、皆さんに惑星上において生産していただくことが
この体験施設への、お支払いとなります。
これは、「自我を持った人間の肉体」という
新しいタイプの遊戯施設をご利用される皆様から自動的に発生するものですから、
特にそのお支払いの為に大きな努力は必要ございません。
皆様が、地球での人間経験を楽しまれたいという意向と、
感情波を収穫したいという私たちの意向、この二つは、
なんら利害関係が対立するものではありません。

■7-以上の条項について、同意のサインを戴ければ、
次に、あなたが人間として生まれたい大陸や、
正確な座標と時間を決定する手続きを行なってください。
なお、この選択の中には、
あなたの幼児期にあなたを保育する両親となる、別のお客様（人間）を
選択する項目も含まれます。

■8-なお、契約は、肉体という乗り物が、著しく破損したり、その機能を停止し、
（つまり死亡し）、あなたが人間経験を終了して、当局に戻られるまで継続します。
その後は、もう一度リピートして人間という娯楽施設に乗られるか、
あるいは、あなたがここに立ち寄られる前にいた、元の宇宙へと
帰還されるかをご自分で、選択下さい。
ちなみに、人間としての圧縮体験の期限は地球時間で平均約50年となっております。
これは、地球がその恒星である太陽の周囲を50回、周回する時間とご判断ください。

●以上が、推定で暦1000年ごろまで、一般的に、お客と地球の入星管理局との間で
かわされていた、「契約書」の主な内容です。
つまり、西暦1000年近辺までの地球人口の増加は、
地球外からやってきたツアー客の魂が、地球で用意された、肉体という

「衣服」の「下着」としての「自我」を装備した、その結果でした。

●なお地球全体に用意された「自我」は推定で「約5億」の「個体自我」であり、
原則として、それ以上の自我は、地球に用意されていません。
注・(以前に、原型自我の個数を、私は、8億と推定しましたが、
　　　現在は約5億と、仮定しています。)

これは「第一期の地球のオーナー」が実験的に作り出した「自我」という、
特許(占有権)を持つ独自のシステムです。
その後、第一期のオーナーが離れたあとには、
その原型自我は、新規には製造されていません。
つまり前述の「入星管理当局」は、
5億という限られた自我をやりくりしているのみです。
ちなみに、一般的な学説では、
西暦1000年での世界人口は3億とされていますが、私個人は約5億人とみています。

●その後の「事情」の詳細については、不明であるが、
以下のような事件が、西暦1000年前後に発生したものと推測されます。
第一期のオーナーが、何らかの理由、たとえば、

1-任期満了による。自動的な交代。
2-自己意志による、管理放棄。
3-別の管理者に乗っ取られた。

などの理由により、地球の管理から離れた後、「第二期の管理者」が、
地球外の人たちの「地球へのツアー」、つまり人間への「転生」を仕切ることと
なりました。

●ただし、この経営方針の変更が、いつ起きたのかは定かではありません。
管理者の交代が起きた時期は、紀元前2500年と考えることも出来るからです。
また自我の希釈それ自体は、紀元前1000年ごろから存在していた可能性もあります。

ただ確かなのは、新しい「不正な契約書」が、爆発的に乱用されるようになったのは、

おおよそ西暦1000年以後から、だったであろうという事です。

【不正行為の開始】

この「人間」という乗り物への人気に、極端なまでの陰りが出て、
地球という遊園地から、客足が遠のいたのが、おおよそ、西暦1000年ごろでした。
客が遠のけば、必然的に、作物の収穫量も減ることとなりました。
しかし、地球を管理する当局は、製薬会社に感情原料を納品する義務を持ちます。
そこで、自我という乗り物を生産する方法を知らない、第二期管理者は、
既存する約5億の自我を元にして、
それを細かく分割したり希釈した自我を作りました。
そしてこともあろうに、ツアーから帰還した客を、
「希釈した自我」の乗り物に送り込むことで感情波の原料を作る労働力を、
もっと増やそうとしたのです。
しかも、ここで起きた事故、つまり、自我を細かく刻んで、水増しするということは、
同時に、顧客の主体性である、意識や記憶をも、切り刻む結果となりました。
自我という乗り物が小さくされた分、そこに入る魂も、小さくないと入れない、
という勝手なルールを当局は作ったのです。

●ですから、西暦1000年以降からは、
もしもあなたが地球での一回の生を終えて帰還した場合、
又は外宇宙から地球を訪れた場合には、
次のような契約が提示されています。

「ただいま、説明をさせて戴きました8つの項目以外に、
次の第9項の、特別契約をお願いします」

■9-地球から帰還された方、あるいはこれから、新規に生まれる、あなたの自我を
100としますと、現在その100の状態で人間に誕生できるポイント（地域と時間）
はありません。
あなたの魂、つまり意識と記憶を、減量して、当局にお支払い戴ければ、
あなたが人間体験を出来るポイントと自我の乗り物を、より短時間で、
ご用意できます。

「たとえば、現在のあなたの 100 から 10% をお支払い戴ければ、
30 年後には誕生ポイントがあります。
あるいは、100 から 25% をお支払い戴ければ、たったの 5 年待つだけで見つかります。
しかし、もしも、もっとお急ぎでしたらば、あなたの魂の 50% をお支払い戴ければ、
今すぐにでも、あなたが生まれる自我と誕生ポイントをご用意できますが、
どういたしましょうか?」

●そして、もしもこの「詐欺」のような契約書の「第 9 項」に、
あなたが同意してしまった場合には、
あなたは、元々持っていた、100% の意識、100% の記憶ではない状態で、
100% ではない、不完全な自我という「殻」の中に入れられ、
その弱められた「魂」として、人間の胎児の中にインストールされることとなります。
これが、あなたが生を終わって、当局へ帰還するたびに行なわれるために、
あなたは、元々、単に気軽な人間経験をする為に、この地球に来た事実を、
急激に忘れてしまいます。

●たとえば、もしもあなたが、第 9 項にサインをしてしまい、
あなたの主体性そのものも分断されて二つの部品として、
地球に降下して生まれたとします。
そしてその二つの魂が死んで、再び当局の受付に戻ってきたとします。
その時、仮に待合室の同じ長椅子の上に、
あなたと、あなたの分身であるもう一人のあなたが、一緒に座っていても、
その二人は、お互いが元は同一の一つの魂であった事すら、認識できず、
お互いを「あかの他人」として認識してしまいます。
この理由は、一回でも降下して人間をやれば、
人間として経験した事の内容(記憶)が、既に、二人とも違ってしまっているので、
「自分は誰だったか」という主体感覚にも、誤差が生じているためです。
つまり、自我が分割されたり、希釈されて他の自我と合成されるということは、
主体性を作っている意識や経験の記憶もまた、分裂して行くということです。

●こうして、判断力と自主性を失ってゆくあなたは、
繰り返される「極めて不利な契約」にも気づかなくなり、

どんどんと、同意と誕生を繰り返します。
その結果、元の世界に返ることができなくなり、地球の中で、生まれては死にを、
延々と繰り替えす「労働力」として、地球に「強制収容されたような形」となります。

●こうした「不正な契約」の結果として、西暦1000年以後からは、
それまでは、「約5億個体という自我」だけで、
娯楽施設の乗り物が運営されていたものが、自我を「切り売り」する事により、
ここに「分割自我」または「希釈自我」と呼ばれる、容積が極めて小さな
「不完全な自我」が大量に増産されました。

●その結果として人間を経験する顧客は、かつての原型自我（全自我）だった頃よ
りも何倍も希釈された生命の実感しか得られず
娯楽としての楽しみも激減してしまいました。

●この自我の体積が激減した弊害は、
人間の、主体性、知力、感性、身体の基礎機能までをも、
ことごとく半減するものとなったため、その副産物として、
人間同士の間には、それよりも何倍もの、無気力感や、
ストレスや攻撃性、そして各種の依存症が生じました。

●その結果、薬物原料として収穫できる「感情波」の「総量」だけは以前よりも
増えたのですが、その品質は、第一期管理者が製造していた感情波のような
「バリエーションや濃度」を持たないものとなりました。
とても分かりやすい喩えをしますと、無理な量産や、養殖によって、
野菜や肉の栄養価や味が、極端に低下するのに似ています。
もしも喩えれば、第一期の人類は、
「野生の動物」のように自由なものだったとすれば、第二期以後の人類は、
まるで「家畜や養殖の魚」のような、不自由な状態に劣化したのです。

●人間から収穫した感情原料を買い取る側の「製薬会社」としては、
おそらくは品質の低下に不満はあるであろうが、
大量生産によって、以前よりも「原料が安価になった事」が、
今も地球の管理当局との「取引」を止めない理由かもしれません。

これと極めて類似する現象は、
現在の地球の人類の「経済活動」にも頻繁に観察されます。

この自我の「切り売り」は、かなり前からテストは行なわれていたようですが、
本格的に始動し、乱用されたのは、おおよそ西暦1000年頃と推測しています。

●なお、2011年現在、地球の人口は、毎年8000万人増加しています。
紀元前2500年には、推定で、約1億しか存在しなかった人口ですが、
西暦1800年には、世界人口は、約10億人になり、2011年には、約70億人です。
もしも一人の人間の魂が、地球の中だけで生まれ変わっているとするならば、
こうした人口増加は起きません。
なぜならば、人口が急激に増加した分の魂は、どこからやってきたのか？、
という矛盾が出るからです。
世俗的な常識では、人口増加は、産業革命や医療によって、新生児の死亡率が減り、
高齢まで生きるようになったので急激に増えたといわれています。
しかし、それは、もしも魂が生まれ変わっていると考えると、
人口がこれだけ急激に増加する為の「魂」は、
一体「どこから来たのか」、または、「どうやって作られたのか？」
という疑問が発生します。
この矛盾に対して、通常は次の仮説が唱えられていますが、
その全てを「分割自我理論」は否定しました。
（ただし「一部の人口」は下記のような場所から補充された可能性はあります）

1-別の天体からの転生
2-別のパラレルワールド（水平方向）からの転生
3-別の霊的次元（垂直方向）からの転生
4-別の未来の時間軸からの転生
5-別の下位次元からの転生（一例として動物の世界から）

●しかし、人口増加と、自我の希釈現象とは「ほぼ比例」し、
人口増加の理由は、自我の分割によるものであるとするのが、
「分割自我理論」の「論理上の仮説」です。

●また分割自我理論においては、
次のような要素を人間性の劣化の原因とは認識しません。
1-社会の変化
2-自然環境の変化
3-教育の変化
4-家族の変化
5-食物の変化
6-通信電波や家電製品による生活形態の変化
7-医療用の薬品の乱用

●むろん、これらは「より酷い劣化を起こす要素」ですが、
直接的な「根本原因」ではないとしています。
人間性の劣化の、根本原因は、希釈自我が蔓延したことにある、としています。

●この自我の「分割や希釈」の繰り返しにより、現在、地球上には、
全自我の人たちは、ごく僅かな人口となりました。
現在、世界の大半は、
1/2自我、1/4自我、1/8自我、1/16自我、1/32自我
1/3自我、1/6自我、1/12自我、1/24自我といった、
極端に薄められた自我で生まれてくる人たちで蔓延しています。

■なお、2010年6月に、こうした分割自我・希釈自我を、元に復元しようとする
「分割自我復元」という方法が、私（鈴木崩残）によって、提案されました。
現在、その方法を使って自我を復元しようとしている人は、百人以上存在し、
明らかな成果をあげている人たちが、複数存在します。

分割自我について知るための「資料」

●たとえばの話であるが、私が死んだ後に、分割自我という概念が、
勝手な解釈や曲解に発展しないようにするために、ここに「概略のみ」ですが、
「分割自我論」を、まとめておきます。
今後、何年経過しようが、ここにある説明以外のものは、無明庵の公式的な見解とは思わないでください。
つまり「分割自我」に関するウィキペディア的な内容をここに自作しておきます。

【分割自我理論とは】

●「分割自我論」とは、場所を地球上の人類という種に限定するという前提で、
人間の自我は、生まれた時に、不完全な自我の状態にあるとする理論である。
ただしそれは厳密に言うと、不完全な「意識状態にある」という意味と
必ずしもイコールではない。
なぜならば、意識それ自体には、特定の特性や、不完全性は存在しないからである。
ただし、生存中におけるその意識の「量」を決定する枠が自我であり、
もしもこの自我の容積が、元々そうであった容積よりも小さかった場合には、
正常な内圧を発生せず、従って、人間としての生存中の経験の質に、
著しい劣化が起きるとする。
地球上の人間に限れば、自我と意識は一体構造にあるが、
「自我」は、地球上で人間として生まれた場合に、意識が入る「器」と定義され、
「意識」は、その器に入る「知覚性原料」であると定義される。

●分割自我論は、論理上の仮説である。
ちょうど中間子が、電子機器で観察されたものではなく、
あくまでも「論理的な予測」であったように、
自我の分割という現象も、論理上の仮説である。
物理学の世界で湯川氏が予測した中間子がそうであったように、
それが13年後にそれを裏付ける現象として発見されるといった事は、
絶対にあり得ないことではあるが、
ただし人間についての「特定の問題」の根本的な理解を得るためには、
「分割自我」という論理は、極めて有効である。

●ところで、論理上の仮説に過ぎないどころか、論理すらなっていない概念は、

地球上のいたるところに見出すことが出来る。
一例として、

1-人間が物質的な肉体を超えた存在であるとする「仮説」
2-宇宙を作った創造主が存在するという「仮説」
3-宇宙がなんらかの高貴な意図を持って創造されたとする「仮説」
4-人間や万物には存在する何かの価値があるとする「仮説」
5-万物には、物質的または非物質的な領域での
　　進化という目的があるはずだとする「仮説」
6-さらには、それに基づいて、二次的に作られる社会倫理や道徳や、
　　作られた価値観に添って人間は生きるべきである、とする「仮説」

だが、このいずれの、哲学的あるいは宗教上の仮説も、
ただの一度も、科学的な観測をされたこともなく、証明されたこともない。

●また、それらについての「主観的な経験談」がこの世界に溢れていたとしても、
それらは民族や時代によって、かなり異なるものであり、
統一的な見解も存在しない。
(漠然とした、多少の「類似性」だけがあるのみである)
そのような中で、人間は、確信もなく漠然と「魂」「創造主」「創造の何かの意図」
といったものを、単に推測し、期待し、妄想し、
「生きてゆく事の意味づけ」をそれらに依存しているのが、
地球上の人類の心理状態の現状である。

●現存する、宗教的神話と、精神世界(スピリチュアリズム)と呼ばれる、
ほとんどすべての領域は、希望的観測と、
数々の主観によって成り立っているものに過ぎない。
たとえば、臨死体験、体外離脱、このいずれも、
人間が死後に存在することを論理的にも、説明できておらず、
科学的にも、一切証明は出来ていない。
それらは、リモートビューイングや読心力と誤認される可能性も大である。
また、前世の記憶と称するものと「転生」を結びつける事も疑わしい。
なぜならば、他人の生の記憶を、

別の他人がインストールすることが可能であると推測されるからだ。
つまり、過去に存在した誰かの記憶を明確に持っていたとしても、
それを持つ者と、その過去に存在した者、この二つが、同一であるとは
論理的に証明出来ないからである。

●このように、そもそもが、全く科学的証明や再現性や論理的整合性を持たない
精神世界や宗教という分野と全く同じように、
「分割自我」という理論も、現時点では「仮説」に過ぎないものであり、
それが理論物理学のように、証明されることもないであろう。

【分割自我理論が提示された時期】

「分割自我」別名「希釈自我」が、地球上で最初に予測理論として明記されたのは、
無明庵発行、2008年7月「宗教に汚染された地球人」の中である。
以後、2009年10月「無心の禅書／第10巻」において、
個々の人間の自我の容積が平等ではないというコンテンツが語られたが、
この時点では、分割率を、1/2、1/4、1/8、1/16などと、
単純な2の倍数分割の希釈率としていた。
また、この当時は、自我は希釈されているという説明のみに留まり、
それを復元する方法は、発見されていなかった。
2010年6月「分割自我復元」によって、復元方法が試作された。
その後その復元法は、イメージにおける「クーラーボックス」の使用や、
「回収地域と時間帯を限定しない」という改善を加えつつ、
現在もまだ、試験運用中である。
2011年1月現在、
自我の希釈率の判定を試み、また、復元作業によるものと見られる、
「自我復元」の明確な痕跡を、多数の人たちの報告に垣間見ることとなった。
ただし、原型自我（全自我）とは、俗にいう「大我」や「真我」とは
全くの別物であることに注意が必要である。
「全自我」とは、人間という生命形態の「正常なスタートライン」を
意味しているものであり、瞑想体系や神秘学と混同してはならない。

【分割自我論と、他の精神主義との違い】

●分割自我理論は、人間が生まれた時点で、不平等な状態にあることの
理由として整合性を持つ一つの仮説である。

●たとえばそれまでは、生まれながらに人間が持つ、
「魂の五体不満足」の理由については、
曖昧な憶測やエドガーケーシーや、東洋宗教の言い分を鵜呑みにして、
個々の前世での言動（カルマ）といったもののせいにされてきた。
それらがその個人の一生に何らかの影響を及ぼしているという仮説を、
多くの人たちは、ほとんど疑問を持つこともなく、また主体的に検証することもなく、
信じきっていた。
そこに何ひとつも科学的証明も、理論的な立証もないような、
ただ「催眠状態にある霊能者たち」の言い分や、
地獄絵図を見て信じたり、他人が言った天国や天界の話を聞いたりして、
人々は、「なんとなく、そのような気がする」という理由だけで、
「単に信じていただけ」である。

●一方で、「分割自我理論」は、その個人が前世の言動によって
何かの制限を受けたり、その人生の運命を決定されているとは定義しない。

人は何をしようが、何を考えようが、基本的には自由であり、
カルマなど存在せず、カルマの清算義務なるものも存在せず、
従って、人がどう生きようが、
死後の罰則も、死後の報酬も存在せず、
あなたを間違いによって処罰したり、
あなたに正しさを説教する存在も存在しない、
とするのが「分割自我理論」である。

●死後に、唯一存在するのは、
その個々の本人の持つ「宇宙観」「世界観」と、それに基づく「意志」のみであり、
それが、次の生の「選択内容を決定する」と主張する。

つまり、もしも何度生まれても、同じことを、繰り返しやっている人は、
単に、彼らが、それらに飽き足らないで、そうしたいと望んだだけのことである。
その現象そのものを、裁いたり、あるいは褒めて賞賛するような存在は、
あなたの死後には存在しない。
●また人の個々の生の「宿命論」や、
宗教倫理に基づく「生き方の是非」といったものは、
分割自我理論では、問題やテーマにされない。
「分割自我理論」が唯一問題にするのは、
人間の「資質」が不平等な状態で生まれてきている可能性が大であるという点である。
またその不平等さは、人間の自己責任と出来る部分は、半分以下であり、
明らかに、人間自身の責任によるものではないような、
「外部の存在」からの干渉や、支配や、強制があった事が問題なのである。

●その結果として、
人間の個々の「言動の何が良いとか悪いとかの問題ではなく」、それ以前に、
人類は、何かの病理を持つか、または、極めて「不完全な状態」にあり、
どうやら、その劣化は、段階的に「何かによって加速されている形跡」が
ある事を観察し、その仮説の根拠とした。

●ここで言う「自我の不完全な状態」とは、いわゆる宇宙の「原初意識」を、
「完全体の基準」とする考え方とは全く異なる点に注意が必要である。
なお、この「原初意識」と「悟り」との関係についての明確な定義は、
「虚無の微笑」（2006 年 8 月発行）に記述された。
一方で、分割自我理論でいうところの、「原型自我」とは、
この地球という惑星の物質次元における人間という種において、
最初に自我が設計され、試作され、パイロットテストが行われた、
その「初期の時期」を「完全な原型」の基準とした場合に、
「不完全である」という意味である。

●人間の個々が、生まれながらに、自我としての「五体不満足さ」を、
違う分量で含んでいるという理論が「分割自我理論」であるために自我の欠損状態は、
たびたび「生まれつきの身体的欠損」に喩えて説明される事が多い。

●「分割自我理論」が、他の精神世界の「成長論」とは全く異なる点は、
他のすべての精神世界および宗教の言う「成長論」が、
**「個々の人間が得ることのできる快楽や安心感は、
本人の努力次第でどうにかなる」**、と主張しているのに対して、
「分割自我理論」は、
本人の努力と意志の「限界」の存在を断言している点である。

●一般的な精神世界、あるいは人間社会では、ハンデは乗り越えられると考えたり、
あるいは、生まれながらのハンデは、
別の代用品や、代用分野によって、補うことが出来ると信じられている。
たとえば、知識は学ぶ事で得られる。
教育や洗脳によって、ルールや行儀を覚えさせることが出来る。
身体能力は鍛えることで発達させられる。
霊的な力（気やオーラ）も、外部から補充することは出来る。
そして、自分を見つめれば、自己啓発は出来るとする。
それが過去数千年、一般教育をも含めて、
「人間は、自分の何かを改善する事が出来ると称する分野」が、
主張してきたことである。
また実際に、分野を限定すれば、それは事実であり、効力も持っていた。

●しかし、人間が生まれてから死ぬまでの一生の間、
どう逆立ちしても、変えられないものが存在した。
むろん、そのごく一部は、
文明の発達によって、変えることも出来るものとなった。
たとえば、過去の時代には、容姿を変えることは出来なかったが
現代では、美容整形がそれを実現した。
過去の時代には、臓器を交換することは出来なかったが、
現代では、医療移植が、それを可能にした。

●しかし、もしも自我が、原型から欠損した状態で生まれてきたとしたら、
それを改善する方法は、どこにも存在しなかった。
つまり、何かを、意識する、知覚する、考える、意志する、行動する、
これら全てに根本的な支障をきたす、自我の希釈は、

電気製品を動かす「電圧の低下」にも喩えられた。
つまり電気製品がどんなに良く設計されていたとしても、
そこに流れる電圧が足りなければ、元々の性能も機能はしない。
しかも、その足りない電圧の根本原因である自我の容量は、
一生変えられないという現象（ルール）によって、
現在では、多くの人々が、子供のころから「生の実感」を持てないような、
希釈された生命経験をしていることこそが問題であった。

●この生の実感を持てなくなる原因である、曖昧な知覚力と思考力は、
それ自体が、異常事態なのであるが、
その異常事態が、数千年も続いたために、
地球の人々は、そのことに危機感や疑問を持つ意識すらも失ってしまった。

【希釈自我 = 生きている実感の欠如】

●その結果、2011年現在、世界中に最も蔓延している人間の心理状態を
指摘するならば、それは「生きている実感を持てない」という、心理状態である。
かといって、完全に生の実感やリアリティーを無視できるほどには、
完全な無意識状態にもされていないために、
個々の人々は「特定の苦痛」だけに対しては、それを現実として実感し、
それ以外に対しては、現実感覚を持てない、という、
極めて「中途半端な心理的葛藤」を生み出すに至った。

●これに異を唱えることは、
1920年代の生まれの人たちでさえ出来ないだろう。
昭和の時代に、生きている実感を持てない人間が、どれほどいたのか、
あなたの人生を思い出して欲しい。
むろん、どこの世界にも、どの時代にも、生に対して虚無感を感じる人々は存在した。
しかし、その人口比率は、明らかに今日とは異なっていたはずである。
終戦直後の時代に、今の10代、20代、30代、40代の中に見受けられるような、
喜怒哀楽の薄い、生の実感の薄い人たちなど、少なかったであろう。
時代を遡れば、明治維新、明治時代、「生きている実感がしない」などという
人間はどれほどいただろうか？

江戸時代、そして、さらには、戦国時代に、
「生きている実感がしない」などと言った庶民がどれほどいただろうか？
むろん、少数は常にいただろうが、この現在のような比率ではあり得ない。
全自我である場合には、たとえ強烈な虚無感を感じたとしても、
その真逆に位置する、強烈な生の実感をも感じるのが当たり前な
正常な反応なのである。

●つまり、時代とともに、あるいは「人口の増加」と比例して、
意識、実感、意志といった「人間の基本的な機能」そのものが、
何らかの低下と劣化を起こしている、というのが分割自我理論の前提である。
これは、モラルの低下や、教育内容の変化や、社会環境の変化や、
科学技術による生活変化といった、そのような、「二次的な現象」に
原因を求めることは、もはや不可能であり、
むしろ、人間の根本的な「何か」が、劣化を起こしていると推測することの方が、
人間の持つ性質の、どの領域での「劣化現象」に対しても、
整合性のある論理であるとするのが「分割自我理論」である。

●さて、そもそも、自我が欠損などを起こしているのかどうか？
あるいは、自我が分割されることがあり得るのか？
さらには、それは誰が何の為に行ったと推測されるのか？
についての概略説明が次項である。

【今までに起きた二つの不幸】

既に述べたように、
自我が分割され希釈された事が根本原因であると見なすのが、分割自我理論であり、
従って、分割自我理論においては、
もう一度繰り返しになるが、次のような要素を、人間の劣化の原因とは認識しない。

1-社会の変化
2-自然環境の変化
3-教育の変化
4-家族の変化

5-食物の変化
6-通信電波や家電製品による生活形態の変化
7-医療用の薬品の乱用。

むろん、これらは「より酷い劣化を起こす要素」ではあるが、
「根本原因」ではないとしている。

むしろ、これらの環境変化の中のうち、
「悪化するような変化」を起こした分野では、
その根本原因が、希釈自我が蔓延したことにあるとする。

●つまり、たとえば、家族関係が異常な状態になったのは、
「自己責任」は、むろんそこにあるが、「根本的原因」という視点から見れば、
社会のせいでもなく、教師のせいでもなく、親のせいでもない。
それは、「希釈自我という状態にある」ところの社会、教師、親、そして家族全員と、
子供自身のせいであり、根本的な原因は、希釈自我の増加にあるとする。

●従って、自我復元を行なわないかぎりは、カウンセラーや他者が、
どれだけの真実や解決法を、相談者に助言しても、
相談者は、決して自力では解決出来ないのが現実であるために、
個別のカウンセリングや、いろいろな精神世界体系は、
根本的な解決には、ほとんど効果がないとする。
(相談者の抱えた問題が重篤であるほどに、解決は困難になる。)

●また、人口増加と転生という概念の矛盾については、「分割自我理論」においては、
繰り返しになるが、次のような要素を、地球上の人口増加の原因としては認識しない。

1　別の天体からの転生
2-別のパラレルワールド（水平方向）からの転生
3-別の霊的次元（垂直方向）からの転生
4-別の未来の時間軸からの転生
5-別の下位次元からの転生（一例として動物の世界から）

人口増加と、自我の希釈現象とは「比例」し、
人口増加の理由は、自我の分割によるものであるとするのが、
「分割自我理論」が提唱する「論理上の仮説」である。

●その自我分割は、「誰の手によって、何の為に行われたのか」、
ということについては、論理の領域ではなく、
「創作神話」というレベルで捉える必要がある。
その点においては、
世界中に蔓延している、宗教や精神世界の情報と「分割自我理論」とには、
なんらの差もない。どちらも「ただの神話（御伽噺）」にすぎない。
その前提の中で言うならば、
その「分割自我神話」は二つの不幸な事件から構成されている。

●**ひとつめの不幸な事件は、**
分割される前の、そもそもの「全自我」それ自体の発明である。

もともとは、ある宇宙的な体積（広さ）をカバーしていた原初の意識の断片を、
個人という人間の肉体に、さらに断片化して「封じ込めること」によって、
生物の中により高い「感情エネルギー」を発生できると
「どこかの誰か」が考えたのが、その始まりであった。
その動機は、むろん誰かが創作した生物が知覚して、「感情」として認識する、
恐怖、愛着、嫉妬、怒り、無気力、自己嫌悪、快楽、焦燥感などを収穫し、
それを「彼らにとっての精神薬」として服用するためである。
いわば、それほどまでに、その彼らは精神的に「疲弊」しているということである。

●ただし、この第一の不幸は、それでもまだ「救い」を持っていた。
その第一の実験が地球で行われた時期の特定にはまだ至っていない。
推測では、紀元前3500年から紀元前2万年ぐらいの時期かもしれないし、
もっと前なのかもしれない。
ロバートモンローが「圧縮学習」あるいは「クルージング」と呼称していたのは、
あくまでも、この人類を試作した「初期の時期」における地球の経営方針に過ぎな
かった。
圧縮学習とは、文字どおり、偏在していた意識がそれまでよりも、極端に密度の高

い
狭い肉体に押し込められることで得られる、生命経験のことである。

●ただし当時は、現在のような、監獄の中の強制労働のような状態ではなく、
人間に生まれることを選択する際に、個々は、主体的に、
いつ生まれて、いつ帰還するかを明確に決定できていた。

●また、そこで、人間が発生する感情や思考を経験してもよいという
明確な契約と同意の手順が、形式的とは言え、常に行われていた。
つまり、ちょっと人間という乗り物を経験し、そして地球を去るという
当然の権利と自主的な選択能力を、当時人々は持っており、
これを、「分割自我理論」では、「全自我」別名「原型自我」と呼ぶ。

●これ自体が、ある意味では、第1の不幸な事件ではあったものの、
そこには、参加者の同意の確認があり、不快感を感じたら、いつでも帰還可能であり、
また、苦痛ばかりではなく、それと釣り合いの取れる、さまざまな快楽や喜びも、
そこにはバランスよく存在していた。
これは現在でも、まだ全自我を持っている人たちが現在のこの世界にあっても、
経験している「正常な自我」の経験である。

●**この、自主性がまだ認められていた第一の不幸に比べると、**
第二の不幸な事件は、第一の事件よりも百倍も悪質で、かつ不幸な出来事であった。

第二の事件が起きたのは、初期の地球の経営管理者が地球を放棄したのちであり、
これが「管理放棄」であったのか、それとも、
新しい「侵略」や「横取り」による経営者の交代であったのかは、まだ定かではない。

●地球史上の、第二の管理者が行ったことは、
自我という容器（新種の種子）を作る知識と能力がなかったために、
第一の管理者が残した「自我という乗り物」を分割し、それによって、
地球という行楽地の「客席」を増やしたという具合に喩えることが出来る。
ただし元々の客席数、つまり自我という乗り物は、推定で約5億を限界としており、

それ以上の、「薬品原料」となる作物（感情）を大量に生産しようとしたその者は、
質を悪化させた「種子」を用意した。
それが自我を分割して製造した「希釈自我」であった。

●希釈自我という乗り物への勧誘が、
地球外の外来者または、地球から帰還した意識に対して、
洗脳能力（誘惑力）を持っていた唯一の利点は、

1-「早く生まれる場所が得られる」
2-「知覚力を希釈すれば、苦痛は軽減される」
という、「嘘」によるものであった。

★これについては、次に、
死後における典型的な二つのやりとりを記載したので参照のこと。

『希釈しないと、生まれるまでに、待ち時間がかかるという嘘』

【犯行現場の説明】

●たぶん皆さんはこの現実を見ないほうがいいし、知らないほうが幸せだと思います。
ですから、詳しくは書きませんが、「概略のみ」に説明しておきます。
決して残虐な情景がそこにあるわけではありませんが、
とても「醜悪な行為」がそこにはあります。

●まず見てみた時代は、おおよそ1500年代でしょうか。
上空から、帆船がポチポチと見える時代でした。
このころには既に、自我の分割は当たり前になっていました。
これよりもずっと以前、推定で、紀元前1000年ごろには
自我はまだそれほどには分割はされていませんでした。
地球から「相対的に」見ればですが、「外来」の客が、
自由に地球を出入りできていて、
それは一種の「幻影」を体感する「観光施設」に似たものでした。

●経営方針が切り替わった時期が、まだ定かではないのですが、
おそらくは、ある時期から、観光客が来なくなったのだろうと思います。
そして既に、1500年ごろには、
初期の地球の管理体制とは、全く別の管理システムがそこにあり、
そのシステムと外来者との契約を、「極端に人間的な会話に歪曲して説明」すると、
次のような契約形式が、存在しています。
平たく言うと、「擬人化するとこうなる」ということですから、
原型のやりとりには、言語は使われていません。

「降下して人間を体験するためには、あなたの今の自我の状態では、
あの世界に、定着できません。
あなたの自我を半分に希釈すれば、降下位置は見つかりやすくなります。

また、もしも、あなたの自我を四分の一に分割すれば、
もっと、あなたが誕生できるポイントは増えます。
しかし今の自我の濃度では、
あの世界に降下することは困難ですし、
あなたが希望するような環境は、リストにはありません。

どうなさいますか？」

＊＊＊＊＊＊＊＊＊＊＊＊＊＊＊＊＊＊＊＊＊＊＊＊＊＊＊＊＊＊＊＊

●ここでほとんど9割の客、つまり地球外や、地球の次元外から
この惑星のこの人間が「見ている世界」という次元に降下するのに、分割を選びます。
というのも、もしも全自我のままで要求を通すと、
「その条件では、難しいです」「とても待ち時間がかかりますよ」
と説明されるからです。

しかし、実は、これは全部、真っ赤な「大嘘」です。

●というのも、

「いえ、この今の状態でなければ嫌です」とはっきりというと、とたんに相手は、

「しかたないですね。承知いたしました。では、こちらなど、いかがでしょうか？」と、
　ちゃんと全自我でも降下できるリストを見せるからです。

つまり、客である貴方にカマをかけていたんですよ。

●ところが、その地球の入国管理のような場所の「実態」を知らない者が、
実際には、外来の観光客の９割を占めているために、
待ち時間に耐え切れず、また、簡単に降下できるという文言に騙されて、
ほとんどの者が、分割された自我の降下ポイントを選びます。
これとよく似た現象は、あなたが、職安で、仕事を見つける相談を
するときに、条件を贅沢に言って、条件を細かく言うと、
該当する職種や会社がなかったりするのと、よく似ています。
ところが「ああー、この職種でさえあれば、私は、なんでもいいですよ」
などといえば、とたんに就職先のリストが増えるのと同じです。
そして、しょーもない職場を紹介されたり、あるいは貴方が
変な会社を選んでしまう事もあるわけです。

●そして問題なのは、この分割は、二分割だけではありまん。
たとえば、降下契約の時に、自我が半分になるのは嫌だと言うと、
受付の相手は、「では、少しでもよろしいので、意識の密度を減らしてください」
と言って、あなたから、自我の素材を剥ぎ取ろうとします。
たとえば、これが 11/12 の自我の状態で生まれる人の例です。
しかし一度でも、二分割された自我や、あるいはわずかでも
素材を相手に提供してしまった場合には、
降下後のあなたは、その分の自覚的意識を喪失します。
最も最悪なのは、最初の二分割です。もしも二分割などされたらば、
二度と、まともな意識では浮上できないと思ってください。
もしも、二分割までされたら、それはほとんど家畜と同じ状態になります。
死んで、管理局に帰還したときに、あなたはもう、ボケてしまって
「地球に何をしに来たのか」すら覚えていられません。
管理する側にとっては、一度でも、二分割ぐらいまでしてしまえば、

完全なペットですから、しめたものです。
その二分の一の自我の客が帰還したときには、
その者は、なんでも言われるがままの、弱い自我の状態です。
管理側は、さらにあなたの自我を細かく分割して、降下地点の候補とし、
そして、せっかく帰還したあなたを、再び地球に送り返すことが出来ます。
むろんあなたを送り返す目的は、彼らが、彼らが服用する為の薬品を製造するための、
「作物として育てる為」です。
まるで、ヤクザが、客をシャブ中毒に仕立てあげて、逃げられないようにしてから、
強制的に労働させる構図に「かなり似たものだ」と言わざるを得ません。

●こうしたことは、はっきり言ってしまえば、完全な詐欺です。
なぜならば、もともと、「待ち時間」などはなく、
単に管理局側の怠惰によって、条件にあう降下地点を見つけるのが「面倒だ」ということと、もうひとつは、
一度、落下させた客は「感情抽出用」の「作物」として利用するために、
二度と出て行けないようにしたい、という悪意のある画策から、
こうした分割システムが出来たわけです。

●このように、存在する個体、
つまりあなたを、無自覚という眠りに陥れる方法など、実に簡単なものです。
二分割ではなくても、たったの1/7の自我を、そぎ取っただけで、
あなたはもう宇宙にいたときの事など思い出せなくなりますし、
いわんや、その希釈状態で、やれ人生の目的だの、悟りだの、
真理がどうのこうのと、何を言っても、あなたは、
デタラメのトンチンカンな事しか言えない者に成り下がります。
たったの1/7を、喪失しただけで、おしまいです。
ですから、現在仮に「6/7自我」あたりの人がいても、
その人の言うことなど、何も信用するに値しません。

●地球で、もしも信用に値することを言える人がいたとしたら、
それは、全自我の人のみです。
むろん、その人は悟っているとかいないとか、そういう問題とは
全く関係なく、少なくともその人たちの言うことには、

ここの惑星で通用する真実があるということです。
多くの場合、全自我の人たちというのは、
決して瞑想だとか、宗教とか、俗に言う精神世界に迎合もしませんし、
むしろ、常にそういったものに、批判的でさえあります。
前にも言いましたが、全自我の人が絶対に関わらないもの、
それは、全ての宗教、願望実現法と称するチープなもの、
安易な悟りを安売りする団体や、瞑想会などです。
全自我の人たちは、禅寺にすら、興味持たないと思います。
何しろ、彼らには不満などありませんから。
彼らには、瞑想などというものは、全く必要ありません。
その全自我を、経験しつくし、燃焼しつくした、ごく一部の人たちだけが、
本当の意味での瞑想を必要としますが、
真実を言ってしまえば、「そんなこと、この地球で、やる必要はない」のです。
そんなことは、別の星に帰還すれば、いくらでも、
何百年だって、他に何もせずに、瞑想三昧できるのですから。
だから、くだらない瞑想ごっこなどしていないで、
早めに、各自の故郷にまず、戻ってください。

●そして、全自我以外の、分割率の自我は、
原型にまで復元されないかぎりは、それが、11/12自我であってさえも、
最後の最後まで、本当の意味では、その者には、信用をおけません。
しかし、世の中、そういう連中が、しかも、
場合によっては1/4自我以下の自称指導者とかが、
いろいろな精神世界の指導を、他人様になどしているのですから、
まったくもってして、現在のここは、狂人と、魑魅魍魎の「牢獄」としかいえない
状態です。

●ちなみに無明庵は、アセンションカルトとは全く何の関係もありませんし、
UFOカルトが言うような、救いが外宇宙からやってくるなどとは微塵も考えて
いませんし、選ばれたものだけが救われるとかいうカルトにも何の関係もありませ
ん。
私が言うことはただ一つです。
「地球の圏外に、這い上がりたければ、

自分の力だけで、這い上がってこい。」
そして、それは、これから生きている間に、
貴方が這い上がれる自我に戻ったのかどうか、
それは、生きて、その様子を見ることで、確認が出来ます。
死んだあとに、もしも復元が不完全だったことに気づいても、手遅れです。
ですから、生きている間に原型に戻ったあなたを体験して、それを確認してください。

さて、あなたを騙した、もうひとつの嘘は
『希釈しないと苦痛が大きく、希釈すれば楽だ、という嘘を含む脅し』です。

【希釈自我を選択するもう一つの理由】

●人間に生まれる時に、どのような状況下で、希釈自我を選んでしまうのかについて、
探索をしていて、少し分かったことがあります。
希釈自我を選ばせる「誘惑」として、まるで不動産とのやり取りのように、
「3LDKの部屋は、今はないから、かなり待ちますよ。
こちらのワンルームはどうですか？」
といったように、全自我の人間が、そのまま全自我で生まれようとすると、
それよりも狭い意識の部屋を割り当てようする事については説明をしました。
そのようにして、今の全自我の大きさでは生まれられない、という
嘘をいうことで、小さな器をあてがおうとします。

●しかし、ここに「もう一つの誘惑」があることも、
人間には、全く知られていません。
（正しく言うと、その部分の記憶が、ほとんど欠落しています）。

●それは生まれようすると者に、「脅し」をかけることです。
この脅しは、次のような内容です。

■はじめて人間を経験しようとする人の場合。
↓
「お客さん、最初から、そのままの意識の大きさで生まれると、
キツイですよ。何しろ、あそこから帰還した人たちは、全員、

つらかった、苦しかったと言いますから。
そこで、お勧めなのが、こちらの器です。
こちらの希釈自我の乗り物を選びますと、知覚力が弱くなりますので、
結果として、辛い現実感が、かなり軽減されます。
今の意識の大きさのままですと、人間に生まれるということは、

6Gの重力がかかる絶叫マシーンに乗るようなものですよ。
そんな苦しい思いをしなくても、こちらの乗り物でしたら、
半分の3Gの負荷で済みます。人間体験が今回初めてでしたら
最初は強い刺激ではなくて、こちらをお勧めします。」

これで、ほとんどの場合には、簡単に希釈自我を選んでしまいます。
ことに、地球について知らない者はなおさらです。

■次に、地球で人間として生まれて、帰還した人の場合
(しかも、楽しみよりも、苦しんだ経験が印象として残った人の場合)。
↓
「どうでしたか?、さぞかし、辛かったことでしょう。
痛かったり、空腹になったり、寒かったり、他人に裏切られたり、
死ぬ時に怖かったりと、いろいろと、大変だったでしょう。
そこで、ですね、実は、次回、人間に生まれるのでしたら、
もっと辛くない候補があります。

こちらの器(乗り物)ですと、前回の人間経験よりも、1/4の苦痛で済みます。
いえいえ、そんな怪しい商品や、過酷な環境ではありません。
行き先は、ちゃんとした、先進国、文明国です。
現実感覚が、軽減されるように、器を小さくして、知覚力を弱めてありますので、
前回のような、辛い思いはしないと思います」

●つまり、全自我であることで得られる充足感のメリットを、わざと言わず、
全自我という器で生まれると、辛い現実感覚が発生する、苦痛が発生する、
大きな圧力が意識にかかる、
だから、そのキツイ経験よりも、もう少し楽な、選択肢がありますよ、

ということを言って、希釈自我を選ばせるのです。

■そして、全自我で生きてから帰還した人で、喜びも多く経験し、
再び人間に生まれることを選択した場合、その人たちは、こう言います。
↓
「いや、今の大きさのままで、大丈夫です。
確かに、びっくりするような、今までにない経験で、
予想外の苦痛もありましたが、楽しみも、多く経験しました。

次回も、楽しみですので、6Gの負荷がかかる、
前回と同じタイプで、かまいません」
すると、そういう客に対しては、
「その器を希望すると、待ち時間が、かなりの年数かかります」
という「例の嘘」を言い始めるわけです。

●むろん、これは、死後の世界でのやりとりを、完全に「擬人化」して
皆さん分かるような言葉にしたものですが、「概要」は、以上のようなものです。
そして、いったん、希釈自我を選んでしまったらば、
判断力は鈍り、選択の自由は制限され、何よりも、
自我の希釈によって知覚力を制限されるということは、
「現実感覚をも薄めてしまうこと」ですから、
結果としては、苦痛が軽減するどころか、知覚と現実感覚が弱くなり、
その結果、現実生活に対処できなくなることによる、
その「二次的な苦痛」を発生してしまいます。

【強制できない。だから騙す】

●そして、いつも、私が不思議に思うことは、これらの
「人間経験という乗り物との契約」が、必ず本人の「同意」を必要としている点です。
私達が、とことん、家畜のように扱われているとしたら、
私達の自由意志や、選択など全く無視して、工場の製造ラインに乗せ、精肉のように切り刻み、私達人間が家畜を扱うように、問答無用で、全く勝手に扱えばいいものを、なぜか、どのような無意識的な希釈自我の状態に陥っている者に対しても、

契約書のようなものへの「合意」「同意」を必要としています。

●この唯一の原因として推測できるものは、
どこまで希釈されたとしても、おそらくは、1/16自我以下でなければ、
自由意志が、まだ有効であるということです。
これは言い換えれば、ここまで人間が、家畜や作物のように扱われているにも
関わらず、いちいち、私達の合意なしには、地球に送り返すことが出来ないのは、
私達が「自我実験」の最も初期の実験のときに埋め込まれた「意識」を持つことに、
その原因があるようです。

●つまり「原初意識」を有する存在に対しては、その意識の大きさが、
一定範囲にある限りは、「本人の意志を無視した強制執行」をしてはならない、
という最低限のルールが、どこかに存在している形跡があります。

●逆に言いますと、だからこそ、
皆さんの死後の中間状態では「騙す」ことをせざるを得ないわけです。
それは現在の、この人間社会における皆さんと同じことです。
もしも誰かが、あなたを完全に家畜のように取り扱ったら、それは犯罪になります。
そこで、皆さんは、何を選ぶのも「いちおう、表向きは」自由です。
極端な独裁国家でないかぎりは、国民や消費者としての、最低限の選択権はあります。

●しかし、それでもなお、皆さんは、
あたかも自分の自由意志で選んだかのように思い込まされる形で、
いろいろな場面で、特定の選択をしてしまいます。
カルト宗教の勧誘ばかりではなく、スーパーマーケットのセールスや
商品コマーシャルでさえも、
「消費者の思考を誘導して、それを消費者本人が決めた事だと、消費者に思わせる」、
これが「洗脳」の基本手法です。

●それと同じように、死後の皆さんは、原則的には、自由な意志を持つのですが、

「その乗り物は、辛そうだ」
「あんな苦痛は、わりにあわない」

「だから希釈自我のほうが楽そうだ」
「希釈自我ならば、早く生まれられる」
といった、「誤判断」をしてしまうわけです。

ただし、あなたを騙した側は、ひとつ大きな「不正行為」をしています。それは、
全自我の大きさの意識のままで下降して、人間経験をすることの、
「利点」を、あなたにきちんと説明しなかったことです。
というより、自我を分割して、希釈自我という「劣化商品」を売った段階で、
それを行なった存在は、既に違法行為をした、と私は認識しています。
だから、私は常に言います。

希釈自我を選んでしまった者たちよりも、
希釈自我を作って売った者のほうが、遥かに悪い。

麻薬を、売る側と、買う側、そのどちらが悪いか、という理屈と同じです。

全自我での人間経験だけが存在していた過去の時代には、
もしも意に反した苦痛を経験したとしても、その責任は、
「自我という狭い器に、意識が極度に圧縮されるという体感ゲーム」を、
選択した者自身にあった。
しかし「希釈自我」という、最低最悪のトラップに陥ったのは、
皆さんの責任ではない。

●しかし、ほとんど大半の帰還人(地球で死んだ人たち)と外来者たちは、
その、自分たちに不利で、不正のある契約に気づくことなくそれに同意してしまった。
その結果、希釈された自我、つまりは容積の小さな乗り物に乗らされた意識は、
意識が狭い認識と限界の中に圧縮されるだけでも、ただでさえ苦しむというのに、
その上、何かが絶対的に欠けているという不満をずっと持ち続けるが、
決してそれを解決すること出来ないという、別種の「葛藤」が発生した。

●第一の事件の時には、広範囲に偏在していた原初意識の断片が、
人間個人の内部圧縮されたことによる、不快感と違和感と、焦燥感だけに
まだ留まっていたために、もしも、違和感と不快感を感じたら、

地球での生命経験をキャンセルして、降りることも可能であった。
また場合によって、いわゆる悟りによって原初意識に留まる事を
選択することも、比較的容易な時代であった。

●しかし、第二の事件以後の出来事には、救いなるものが全くない。
それは「二重苦」を、人間に背負わせる結果となった。
意識が全自我に封じ込められるだけですら、苦しいというのに、
その自我すらも、欠損しているのであるから、
人間は、意識が元に戻れない不満に加えて、その意識の器すら不完全であることの
不満を、その無意識下では、ずっと知っているが、
ただし解決も出来ないという、より屈折した苦しみ状態を、
多数の人類が、持ち続けることとなった。

●かくして、自我というものが発明された時点でさえも、
不幸が始まっていたのにも関わらず、
第二の事件では、その苦痛を100倍にもしてしまう不良品を、第二の管理者は
作り出してしまったのである。
また、たびたび、「分割自我理論」において指摘してきたように、
**原初の意識に帰還する（悟り）ということまでは、
多くの人々には、全く必要のないことであり、
もしも、そのようなことをしたいのであれば、
まず生きている間に、全自我に復帰して、そして死後には、地球からいったん出て、
「他の星系」で行なったほうが、はるかに、効率がいいのである。**

●一方で、現存する希釈自我の人たちは、少なくとも自我を原型に戻さねば、
それぞれの帰還（地球との契約解除）をする自主的な意識すら持てず、
次回、生まれるときには、現在の希釈率すらも維持できず、
さらに希釈された自我の状態で、送り込まれる可能性が大きいのである。

もう一度、分割自我の概念の復習

●さて、現在、この世の中に起きていること、
特に、「人間」に起きていることを説明しようとする手段はいくつもあります。
しかしその多くは、社会環境の変化や、家庭環境の変化や、
摂取する物質（食物や薬品）の変化、教育の変化や、社会情勢の変化、
あるいは遺伝的原因、そういった事に原因を見出そうとしてきました。

●私もまた、かつては、その一人でした。
どんな人たちにも、潜在する「意識の中心」があるとすれば、
どれだけ迷い、混乱している人にも、必ず出口はあるだろうということで、
特に、機能不全家族や、それのさらに原因となる原理について、
何年もの間、観察をし続けてきましたし、
実際に、そういう人たちに現実生活の中でも多く関わってきました。

●簡単に言ってしまえば、
人間が自我を保守（死守）できる最低限の原則とは、単純なことで、

1-やりたいことを、我慢しないこと。
2-やりたくないことを、我慢してまでやらないこと。

重要なのは、たったこれだけのことです。
ただし、その結果の全ては、「自己責任」として自覚して、
結果の責任を、決して他人に押し付けないこと。

●そして、「本当にそれが自分がしたいことなのか、したくないことなのか」、
それを厳密に、自分で「深く自問」してから決定することが、
その前提となる絶対条件です。
単に衝動的に、気分にまかせて、やりたいことをやるだけでは、
それはただのキチガイですから。

●しかし、子供のころから、
家庭環境や学校の中で、この最も基礎的な、「自由な意志の城壁」が
妥協や、保身への執着から、どんどんと崩れてゆくことで、
やがては、やりたくないことをしては、自分をごまかし、

やりたいことをせず、あとで後悔することを繰り返してしまう人たちがいます。
その、自分の意志に反した事をすることが、慢性的になると、やがては、
ゾンビと呼ばれる種族にまで劣化する、というのが、初期の私の分析結果でした。

●しかし、何かそれでは解決できない壁をずっと感じていました。
つまり具体的に状況を変えようとすると、その人たちは、（私でなくても）、
どんなに優れたカウンセラーや、誰かからアドバイスされても、
その手段を決して実行できないのです。
また、単なる日常会話においてさえも、
あきらかに、別の種族か別の社会の人なのか？と思うほど、
全く相互理解の出来ない人たちの関係を見て、
何らかの「先天的な区分」がそこにあることに気づきました。

前にも言いましたが、分割率が違いすぎる人間同士の間では、
「価値観が違う」といった問題以前に、
そもそも、相手には話を受け取る容量がないことがよくあります。
言葉やエネルギーなど、何かを投じたときに、
その相手からの反射が、とても鈍いのです。

●そして、やがて私が、注目したのは、
地球の、あまりにも異常すぎる「人口増加の曲線」です。
人口が増加する原因は、いくつか推測できますが、「単に人口が増加しただけ」では、
人間が劣化することなど、決してあり得ません。
単なる人口増加が、閉塞感を生み出すなどということは、あり得ないことです。
確かに人口増加によって、ストレスは増える可能性はありますが、
それが人間を「直接に劣化させること」など決してあり得ません。
なぜならば、実際、多くの文化は、人口が集中する都市部、昔ならば江戸や、
城下町や、宿場町といった場所で活気溢れるものが生まれていったのですから。

●では、人口増加によって、たとえばの話ですが、
地球のエーテル層のようなものが、食われてしまい、
気力の低下が起きたと仮定してみましょう。
これも全く整合性のある説明にはなりません。

なぜならば、自然環境が豊かだろうが、豊かな自然がなかろうが、
そんなことにおかまいなしに、人間の劣化は起きています。
地方の田舎だから、人が素朴であるわけもなく意識が高度であるわけでもありません。
人口密度の少ない国内土地や、自然に囲まれたどこかの外国が、
何か優れている人材を育てたなどといった形跡は、全くありません。
人口密度には全く関係なく、ゾンビはいたるところにいます。

●では次に、仮にですが、ちょうど酸素が不足するかのようなイメージで、
地球の中のある層のエネルギーが枯渇していると仮定しても、
これもまた、人間の劣化の原因説明としては、矛盾があります。
もしもそうであれば、ちょうど狭い部屋で酸素不足になって死ぬときには、
個人差はあるものの、ほぼ同じ酸素密度になったときに、全員が死ぬものです。
つまり、地球規模で提供されている何かのエネルギーの総量が減っている
としたら、その影響を「70億以上の人々が同時に受けるはず」です。
ところが現実には、どれだけ人口密度が高い場所にいても、
自我が劣化していない人もまだ沢山います。

●では次に、話を極端に「電波系の話」の中に仮定してみましょう。
もしも、地球外の、我々の知る、あるいは知らない天体か、
または、並行する別の次元の「なんとかワールド」、
あるいは「なんとか界」と称するところにあった、魂のストックが、
地球に生まれたために、人口の急激な増加が起きたと仮定します。
もっとも、地球が、そんなにご立派な行楽地には、全く見えませんので、
人気のある観光地だとは私は全く思いませんが。
しかし、これも「劣化原因の説明」としては、論外です。
なぜならば、最初に言いましたように、
「単なる人口増加」は、人間の質の劣化に、直接には何も関係していないからです。

●また、もしも別の次元世界や惑星から地球に移動している場合には、
現在の地球のような、こんなにも、つまらない、変化の止まった精神状態は、
あり得ません。
別の次元からの移民が増えるときには、

「良くも悪くも」人間の性質には、もっとバリエーションが発生します。
別の次元から来ているとは全く思えないのは、現在の地球の人間は、
まるでコピー製品のように、個性がないからです。

●では、本当は、何が起きているのでしょうか？
いくら、産業革命以後の医療の発達で、乳幼児の死亡率が減ったり、
あるいは医療による「延命」が人口増加の原因だと仮定しても、
あまりにもその人口増加率は、急激すぎます。

●しかも、精神世界の「理屈」で言えば、
魂というものが、もしも（仮にですが）転生をしているとしたら、
地球の人口は、それほど急激に増えることはありません。
なにしろ、それは生まれ変わりながら、「地球のあちこちの土地を移動しているだけ」
という理屈になるのですから。
また、既に言ったように、もしも他の次元や、他の惑星から、
集団で人々が転生して移転してきている形跡も、私には認識されません。

●そして、残る可能性は、ひとつだけです。
それは、**「魂が、地球の内部で、分裂させられて、増殖している」**という現象です。
自我をわざわざ自分で、数個に分割して、地上に降りる、といった技は、
確かに大昔は存在していました。
しかし、そんなリスキーなことをしてしまえば、あとあとで、
自分の自我のパーツを回収出来なくなるケースの方が多いことを
多くの魔術師たちは熟知しています。
ですから、そんなことは、めったに、自分から進んですることではありません。
しかも、一部の人たちならば、ともかく、何十億もの人たちが、
自分の意志で自分の自我を分裂させたなどとは、とうてい思えません。

●となると、その自我の分割、希釈は、
地球の人たちが、各自で自主的にやったことでなどではなく、
「何者か」が、「その者にとって都合の良い、何かの目的のために」、
人間の意志に関係なく、それを行ったという事です。

●現時点で最も怪しいのは、「大量生産による劣化」です。
地球の人間が他の生物たちにやってしまったのと全く同じ間違いを、
この地球で、縦に連鎖するどこかの次元の管理者がやってしまった可能性です。

●おそらくは、地球の人間の感情成分を原料として、
誰かが、麻薬に似た薬品、または医療用の精神安定剤を作っていることは、
私の視点から観ると、ほぼ間違いないのですが、
その地球の人間から取れる「原材料」の生産量が、
ある時期に、需要に比べて少なくなったと思われます。

●そこで製造プラントの管理者は、人間の自我という「種子」を
分裂させて、大量にばらまくことで、生産量を上げられると勘違いしたようですが、
結果は、人間たちが行った大量生産の弊害と同じことになりました。
つまり、野菜の養分の劣化のように、質が低下したのです。

●しかも、自我が希釈されてしまうと、生命経験をする人間の中の、
葛藤、感情、感動、知性、意志、感性、喜怒哀楽、すべてが分割率と同じ劣化を
起こしますので、結果としては、原材料の「量」ばかり増えるだけで、
地球の人間から抽出されるエネルギーの「買い手」が満足するような
濃度を持つ高品質の製品にはなりません。

●悪く言うと、現在はまるで濃度の低い薬品を大量に安売りして、なんとかかんとか、
地球の管理者は、クライアントからの苦情を、かわしているといった状態です。

●この「分割自我」「希釈自我」という現象解釈の概念は、
初耳の人には、それこそまるで「SFかアニメ」の世界に思えることでしょう。
しかし、これ以上に、人間がなぜ過去と違ってしまったのかを
明確に説明できる論理は、どこにも存在しません。
というのも、冒頭で説明したように、
私たちが漠然と、曖昧に想像してきたような原因は、
「人間の質が劣化した原因説明」としては、
どれもすべて、論理的な整合性がないからです。

●実に、皮肉なことですが、これは、
「親がやっていることを、子供が真似する」のに酷似しています。
現在、人間社会がさまざまな食料や資源問題を解決しようとしてやっている
クローン技術は、まさに、我々の上位次元の存在が、人間という「農作物」に対してやろうとしていることと相似形になっています。
しかし、彼らにとって「都合の良い」製品を培養する、ということは、
その被験者または、被害者となる、「私たち人間の側」にとっては、
変化や自由意志のない、単一的な目的の為に作られる人間を、
どんどんと増加させることになります。

●立場を変えて、皆さんが、これを理解するには、
「食肉を作るため」の牧場や養鶏所が何をやっているか、
どんな餌やビタミン剤や、病気防止の薬品を動物たちに食べさせているかを
少しでも調べればわかります。
そしてどんな環境に押し込めて彼らを育てているのかを。
また、仮に「放し飼い」にしていたとしても、
それは家畜の為ではなくて、あくまでも、最後に殺して食べるときの、
「肉を美味しくする為」でしかありません。

●極端に言うとですね、
かつて正常だったころの人間は、「野生の動物」と同じだったのです。
自分の意志で、好きなところに行き、好きなように生きられたのです。
それが現在では、「食肉の製造ライン」と全く同じ状態です。
しかも、扱われかたの「ランク」としては、
動物ではなくて「畑の植物」としての扱いに近いものです。

●こうした、
「地球とは、人間の感情を主原料とする、大きな製薬(麻薬)プラントである」
という概念は、それ自体を、使命として勘違いしてしまい、
受け入れて生きる人たちも多くいると思います。
ことに、自分よりも上位次元の存在に対して、簡単に屈服したり、崇拝してしまう
タイプの人たちがそうです。宗教信者など、全員、この手のタイプです。

●しかし、私がそれに対して、絶対的に「NO」と言う理由は、
地球が、かつては「製薬会社のプラント」ではない時代を私自身が、生きたからです。
かつての地球は、元の世界から比べれば、
大きなリスクはあるものの、自我を経験し、それを満喫出来ました。
むろん、それまでにいた場所のような、統一性のある世界ではありません。
それでも、個々に閉ざされた「肉体と意識」の中で、
知性、感情、感覚を満喫できる、というのが、
この地球という惑星の「初期のモデル」（ツアーの「売り文句」）でした。
「この点だけ」で言えば、確かに、ロバートモンローの言うように、
最初は「ツアー」だったのです。
そして、少ない回数だけ人間を経験しては、すぐ自由に帰還する自由が
そこにありました。

●また、紀元後の時間軸にも、私は人間を選んで生まれてみましたが、
私が、かつて何度か地球に生まれたときは、まだ、そういう時代でした。
全自我など、そんな事は、地球に来る人たち全員にとって、当たり前のことでしたし、
まさかそこに、悪意のある、希釈分割など起きるとは思ってもいませんでした。

●それが、どうやら、地球のオーナーまたは、管理者が変わった
瞬間から、何かが狂い始めました。
「地球の歴史」というのは、何も人間が作っているわけではなく、
オーナーや管理者が変わると、その惑星の目的も変わってしまうのです。

いわゆる、そこらに、いくらでも転がっているような、
精神世界、「精神世間」の教えや体系といったものは、
「過去にそうであった地球の目的」が、今もそのまま続いているという
大きな勘違いをしています。
地球が、自主的な自由意志による、人間経験ツアーの場であったのは、
遥か昔の話に過ぎません。その目的は、現在では、もはや、継続していません。

しかしその事を全く知らないために、
過去に経典や神話に書かれたことを、そのまま今も、
「能天気に、鵜呑みにして」、自分勝手に心地よく思い込める「魂の進化」なる

幻想を、地球の人々はずっと見てるわけです。

●しかし、皆さんが暮らしているこの地球の社会や企業や、
家庭といったものが、そんなに「甘っちょろくない」のと全く同様に、
宇宙というものも、現実は、そんなに甘いものではありません。
争いもあれば、不正もあれば、差別もあれば、詐欺行為もあり、
人権無視なども当たり前のことです。
実際、人間自体をよく見て下さい。
人間が、微生物や昆虫や他の生物に、どれだけの敬意を持ったり、
微生物の権利など認めているでしょうか？
生物だけではなく、鉱物や無機物や元素にだって意識はあります。
しかし、そうしたものを全く無視して、
化学的な化合や、生物実験や、植物の栽培や、家畜は作られます。
そして、害虫視された生物や、微生物は、抹殺されます。

●まったく同じことが、私たちの上位次元から、私たちにされていた
としても、私たちは、文句を言える立場にありません。
ただ、少なくとも、私個人から見れば、
今の地球の運営方針は、明らかに「違法」であり「不正行為」であり、
「詐欺ですらあり」、当初の企業方針とは全く違っています。
まるでそれは、かつては、美しい観光地か植物園、または広大な動物公園だった
ところが、ヤクザに買い取られて、麻薬栽培農園に変わってしまったというぐらい
の「大差」があります。

そのために、自我の分割も起きたのですし、
何よりも、私たちが、自主的に人間という種を選んで生まれ、
生産してた感性や、知性が、かくも無残に、劣化を起こし、
輝きのないものなってしまったわけです。

●今では、昔の地球のように、人間に生まれたら、様々な「リアルな感覚経験」を
出来るという元々のサービス提供は、すっかり失せてしまい、
単に、精神的な軋轢や、葛藤や、心理苦だけを、「納品者」は生産したいようです。
それが彼らの薬品の原材料の成分として、好まれているからです。

しかし、やらされる側の人間は、たまったものではありません。

●余談ですが、それを摂取する側にしてみれば、
人間という食物が経験する感情から、より強い刺激的な薬品を作る場合に、
もっとも重宝するのが、「恐怖心」です。
かつての古い時代の地球で、人間を通じて生産されていたのは、
恐怖という感情ではなくて、
「珍しい身体的苦痛、空腹、性欲、満足、喜び、悲しみ、同情、達成感、焦燥」、
などといった、ある意味で、どれも、度を越さなければ「健全な感情経験」でしたが、
現在では、恐怖心以外の感情は、ほとんど生産されていません。
しかも、現実的な身体感覚としての恐怖ではなく、
そのほとんどが、「架空の想像に基づく恐怖心」です。

かつての地球で生産された苦痛は、
「現実的に身体に不具合が生じた時だけだった」ものが、ある時期に、「心理苦」という、
新しい「合成成分」を生育できる技術が開発されたわけです。
これは人間という植物に、物質的な直接的な危害を与えないでも、
人間たちが、自分の思考と妄想の暴走によって、
勝手に「恐怖心」と「葛藤」を自己生産する仕組み（新しいプログラム）でした。

●ですから、私は、今の「納品者」のやり方には、完璧に反発しています。
出来うることならば、15世紀やそこらの人間の自我の状態ではなくて、
まだ、新鮮な観光地だったころの、紀元前（紀元前・数千年前）の
地球に戻したいところですが、それは個人の力や意志では、無理なことです。
ですから、せめて、無明庵と縁のある、少数の人たちだけでいいので、
まずは、希釈された自我を、各自が自分で修復して原型に戻すこと。
そして、いったん、最低でも、100年ぐらいは、ここへは戻らず、
様子を見るために、地球からは、離れていること。

それが私が今、皆さんに推奨している、生き方です。
それは、皆さんが、「かつて、まだ人間ではなかった形状の時」には、
当たり前だった、「生き方」と「死に方」です。

なぜ希釈自我を根本原因と結論したか？

●まず皆さんに言っておきたいことは、
私が知る範囲ですが、もともと人間の自我や知性というものは、
私たちの基準から見て「退化」するようには出来ていません。
つまり時代を追うごとに、それが劣化したり退化するということは通常は、
標準的な宇宙ではありえません。(つまりこの惑星が「異常」ということ。)
なぜならば、学習したことは常に蓄積されて改善方向へと向かうのが、
当たり前だからです。これは理想論なのではなくて、本来は「自然なこと」です。

●ところが、地球の歴史を見ると、いつからは断定できませんが、
少なくとも5000年ほど前から、その退化が始まっています。
この世界には、いろいろな美談なるものがありますが、
もともとそれらは、人間としては当たり前の行為や言動であって、
それがことさら美談になるということ自体が、私たちが
極めて異常な環境下にあることを意味しています。
つまり、劣悪な環境で育てば、何が当たり前かすら忘れてしまうということです。

●今、私は劣悪な「環境」といいましたが、では、環境の「何か」が変わったせいで、
人間はどんどんと精神面において退化したのでしょうか?
私はそうは思いません。
人間の退化のプロセスを、私自身も今日まで、いろいろなものを原因として類推して、
想定してみました。
しかし、たとえば、道具や火の応用は直接的に人間を劣化されるものではありません。
金融システムが悪かったのかというと、これも違います。
電子機器や電波や電磁波の氾濫、これも違います。
食生活または食の劣化、これも違います。
競争社会、これも違います。
家庭環境、これは一理ありますが、結局はそれが原因ではありません。
遺伝子の異常や変異、これも考えられません。
コンピューターの発達や生活環境の変化、これもそれだけに
原因を断定は出来ません。

●そこで、私がかつて太古に知っていたときの記憶と比較した場合、
その人間性の劣化が何と「比例」しているかという事に興味を

持ったとき、それがきっかりと人口と比例しているという点に着目しました。
ただし社会学的に見れば、大勢の人口を養うということは、
それ自体が、侵略や防衛や、利権争い、領土争いを生みますので、
そうした生活圏の拡大が、利益主義に人間を堕落させたと言えなくない面はあります。
しかしだからといって、地域や国を見ると、
人口密度と人間の劣化が直接的には必ずしも比例しません。

●そこで、世界人口全体の増加と、人類全体の劣化という図式で見ると、
なるほど、かなり整合性が出てきました。
ちょうど、金魚蜂の中の金魚や、檻の中のネズミが、
ある一定量以上に増えると、餌をちゃんと与えているにも関わらず、
攻撃的になったり、ストレスを感じて異常行動をとるのに似ています。
そこで、結論は落着しそうになったのですが、
では、実際に人口がかなり減少した未来には、人類の劣化状態が改善されていたか
というと、私の知るかぎりの未来では、そういう改善はありませんでした。
未来が、中途半端な管理社会になった様子（予測図）は、
「宗教に汚染された地球人」に書いたとおりです。
つまり、人口の異常増加が我々から何かの生気のようなものの「分け前」を
奪っているかもしれない、という推測は、間違いでした。

●そこで、人口がどこから増加したのか、
もしも、転生という「前提」をあえて持ち込むと、それは地球の内部から
やってくるわけではなく、外部からということになります。
ところが、外宇宙や、あるいは別の次元層から、地球に移動している
形跡は、私が知る範囲ではほとんどありませんでした。
となると、個という体の中に、意識を投入して、
物理的に人間の人口を増加させる場合の、その元となる因子は、
どこから得たのかという疑問が出ました。
もしもこれが単純に、別の平行する次元からの移住による増加や
外宇宙からの移住として片付けられれば、そのほうがよほど、望ましいことでした。
また、もしも単に人間の生活形態と価値観の劣化が
地球の現在の状況を作ったのであれば、そこにはまだ希望がありました。

●しかし、人口増加の理由を私は、地球、またはこの次元への
「移民」という形では、認識していません。
どうやら、それは地球の内部で、増やしたとしか思えなかったわけです。
では、どうやって増やすのか？
私たちが穀類や家畜を増産する場合には、単に増産すれば済みます。
しかし、人間を増産するというのは、種を植えて増やしたり、
クローンを作るのとは状況が違うらしいというのが、私個人が認識している宇宙です。

●自意識を生ずる核の増産や削除は、人間の意志や管理下にはなく、
人間を設計したり、飼育している側に常にあります。
何も人間が生殖を繰り返したからといって、それだけでは人口は増えない
というのが私の持論です。

●また、単に人口が増加するだけであれば、劣化は起きません。
むしろ、常に様々な価値観や意識が拮抗しますので、
現在のような「薄い自我」が作る社会にはなりません。
多少、空間的には窮屈でしょうが、
それが直接に人間の自我を劣化させるとは思えません。
たとえば、人口密度の高い地域と、田舎とでは犯罪の種類が違うかというと、
意外に、それほどは違いません。
人口が増えることは、その頭数を食わせるために、
戦争、略奪、資源の食いつぶしが起きるのは確かですが、
直接的にそれが人間の自我そのものを劣化させるとは私は思いません。

●そして行き着いた疑問点が、
「人口増加」と「自我の劣化」は、直接には「比例しないはず」なのに、
それがどうして劣化したかです。
そこで私が検知したのが、ある種の不正行為です。
本来希釈をしてはならない自我を、誰かが勝手に切り刻んで、
個体あたりの自我のエネルギーを劣化させたと。

●現時点で、考えられる「そのある者」のミスというのは、

実は、自我を希釈して、切り刻んで人口を増やしても、
生産物は、増加すると思い込んだことかもしれません。
つまり、その者は、生成物（感情）も人口（作物量）の増加に比例して、
増量されて、収穫できると思ったのです。
これは、もしも自我のシステムに無知な者であれば、やりかねないミスです。

「なんだ、種を割って、蒔けば、四倍でも五倍でも増やせるだろう」と。
ところがその種は希釈したら、希釈しただけのエネルギーしか
その生涯に発生しないということを、知らなかった可能性があります。
そうなると、結局のところは、収穫量全体は、
太古とさほど変わっていないということになり、
その何者かの思惑は、既に失敗しているはずです。
そこでおそらくは、質が落ちた分を量でごまかしたり、
あるいは、下手をすると「価格を落として」販売しているかもしれません。

●普通の正常な形での「自我の分割」は、
惑星などに下りるときに、わざと、自分を断片化するという方法でしたが、
これは本来は自主的に、計画的にやるものでした。
しかし、それを違法に、人間本人の同意も得ずに、
勝手にやった「何者か」が存在するというのが私の結論です。

■この問題は、買い手が誰であり、現在の売り手が誰であるかさえ
もしも追跡できれば、二つの方法で解決できる可能性があります。
ひとつは、買い手側に、「売り手が製造方法においてミスをしているという
事実を報告すること」
もうひとつは、
売り手に「あんたは、栽培ミスをしている」と知らせることです。

しかし、もしも売り手が、無知だったのではなく、
最初から、悪意をもって詐欺をやっているとしたら、
その場合には、買い手側に、「不正な納品行為をしている」と報告して、
何かの処分を申請する必要があります。
と、ここまでは、「公共的な意味」での解決法です。

●しかし、誰もそんなこと、つまり、
(銀河系の中で、とっくに忘れ去られた地方の農地である地球の作物の事など)には、
全く関心もなく、誰もかまってもいない、誰も知ったことではない、
そして、放置され、管理も放棄されている、ということなのであれば、
もはや、私たちが自分たちで自分を復元する方法を考え出すしかありません。

つまりは、この家畜小屋、あるいは、この栽培農園から、
どうやって「脱走」するかです。
事実に基づくフィクションであった、有名な「大脱走の物語」は、
その脱走兵のほとんどが、射殺されましたが、
断じて、そういう結末には、私はしたくありません。
この方法と論理に乗れる人がいたならば、その全員を、逃げ切らせたいわけです。

希釈自我・分割自我からの脱出口

●これを探るのに本当に苦労しました。
肉体がない方が、むしろ動いたり探れそうな部分もある一方で、
肉体がないと、認識したり、または他人に伝達できない部分もあるからです。

●今まで、どんな難問でも、悟りのことから、セックスから、果ては手裏剣まで、
何でも、構造分析と、過去のそれらの技法の不備を正して、私はマニュアル化を
できてきたのですが、この問題だけは、本当に厄介です。

●まず、「大前提」として、私が今までに言ってきた希釈自我という場合の
その「自我」がそもそも何であるか、という話がまず必要ですし、
そもそも、無明庵のサイトや掲示板を読まれている人たちが
毎日、何百人かいたとしても、自我の分割、つまり希釈自我なんて、嘘じゃないか
と思っている人も含まれていると思います。

●こうした問題に向かうときに、5種類のスタンスの判断があります。

1-**確実にそうだ。無明庵のサイトの言うとおり自我は希釈されている。**
2-**自我は希釈されていると思う。確かに覚えがあるし、よく分かる。**
　　しかし実感はまだ薄い。
3-**ありえるかもしれない論理だが、わからない。今考えているところ。**
4-**ありえるかもしれないと頭の隅に入れておきたいが、**
　　考えたくないので、今は否定しておくことにした。
5-**あんなの絶対に嘘だ。**

●1の人というのは、それ自体が、「とんでもない知覚力を持っている」
ということになるので、ほとんどいないと思います。
2の人は、わりとメールを見ていると多いです。
3という人も多いことでしょう。
しかし4以下の人は、梅の間の、分割自我に関する記事を、あまり読む必要は
ありません。単なる好奇心では、実生活には何も役立たないからです。

●さて、まず「自我」という言葉は、
一般的な心理学用語として「自我」という意味で使われることもあれば、

覚者たちが、「よくない自我」としての喩えに使うこともあれば、
逆に、「自我を確立しなさい」といったり、
または「哲学上の定義」として使われることもあり、
ようするに、困ったことに、自我とは何かということに
明確な定義をした情報を私はほとんど知りません。

一部が、無明庵のEOシリーズの本には出てきますが、
場所によっては、エゴという意味で使われている部分もあれば、
もっと普遍的な意味で使われている部分もあります。
しかし現時点で私に言えることは、
これは「物理的なエネルギー量」としてイメージしても良いほど、
単純なものであるということです。

たとえば、仮に転生を肯定する立場に立ったときに、
その転生の中で部分的に継続する「記憶」というのは自我そのものではありません。
ちょうど、肉体が死んで次の肉体を選ぶ行為があると別の肉体に入るのと同じように、「記憶体」というのもまた、一種の衣服だと思ってください。
それは肉体の寿命よりは長い時間持ちますが、
それが一貫性を持っているからといっても、それ自体が自我であったり、または、
転生の「核」なのではありません。
ちょうど、それはコンピューターのデータファイルにすぎないのと同じです。
だから、他人の生、または前世の記憶を別の人が着るということは
かなりあると思います。

記憶でしたら、それは貸し出したり、コピーしたり、レンタルしたり出来ます。
また、同じ記憶を複数で共有することも可能です。
「記憶や常識」は、ウィキペディアのように複数で作ることも、
共有することも可能であるということです。
しかも、それをしたところでデータベースが希釈されるわけではありません。
ということで、まず生の記憶を保存している部分は自我とは考えないでください。

●次に、自我というものを「私という意識そのもの」として定義してみます。
こうなると、これはその人の人格や年齢に関係なく全ての人たちにあります。

何もこれは、自分を自分として意識するために、
複雑な人間関係や学習の結果として作られるものではなくて、
子供がある年齢になれば、誰でも自覚的に意識するものです。
このプロセスに関しては、発売されている「CD書籍」の、
「小さなブッダの大きなお世話」の中の、「自我の発達のプロセス」という項目に
非常に明確な説明がありますので、手元にある人は、もう一度読んでみてください。
ほんの一部だけですが、引用するとこうなります。

自我の9つの発達プロセスをもう一度まとめると、次のようになる。

第一に、空腹や親の認識の反復による『内外の区別』による自己感覚。
第二に、『名前』の反復と『鏡の映像』の観察の反復による自己感覚。
第三に、主に筋力と発声を使った『運動機能』の反復学習による自己感覚。
第四に、近辺の物への『所有』の反復による自己感覚の拡張。
第五に、『生存競争に有利な条件』の学習の反復による自己感覚。
第六に、自分の生存範囲への『支配力の駆使』の反復による自己感覚の拡張。
第七に、自分自身へ変化を与えられるという『自己支配力』の反復による自己感覚。
第八に、自分は自分の一部ぐらい『犠牲』に出来るという事の反復による自己感覚。
第九に、『自分を殺す意志』を反復して持つことが出来る事による自己感覚。

●つまり、自我というのは、経験の「内容」ではありません。
皆さんのこれまでの記憶の総体を私は自我とは定義していません。
経験と記憶は、それ自体が自我を形成するのではなく、
「私という意識の強さ」に、燃料を与える「素材にすぎない」というのが
私の推論です。

●では、自我というものを、ごく単純に「私」という意識だと定義してみましょう。
では、その「私」という「感覚」の正体は何でしょう？
それは「外部と内部」という境界線、その区分を意識する作用の副産物です。
それ故に、惑星にも自我があり、動物も種や集団としての自我を持ち、
恒星や銀河系すら、自我を持つといえます。
どのぐらいの範囲に対して「自分の知覚が所有している世界か」というのが
自我の基準です。

物理的に所有しているかいないかの問題ではありません。
あくまでも知覚範囲と観念上の限界線によって作られるものです。

●そして、最初のうちは、肉体に封じ込められ「自分」という境界線を感じることから内部と外部に壁があることを意識します。
そのあとは、コミュニケーションがとれないことや、
思ったとおりに物事を動かせないことで、壁を意識します。
いわば、理解力と知覚力と支配権を広げるのに伴って、
自我意識は拡大をする性質を持ちます。
文字通り、それは形そのものの大きさが肥大するとイメージしても
間違いではありません。
しかし、それが拡大するほどに、次々に、その境界線の向こう側に、未知の領域、
つまり制御したり知覚することが不可能な領域が常に「無限に近いほど」広がっています。
ですから、その自我に固有の「拡散力の限界」に来たときに、
かならずそれは、一定の大きさで臨界点を迎えます。

そのときに、本人に意識されるものは、
もはや、何かをした自分とか、自分の記憶ではなく、
強烈な、「私」という意識だけであり、
かつ、その「私」は、絶対に「全体では在り得ない」という孤立感です。
普通の人たちでさえ、ほんのささいなことで孤立感を感じて
一人になることを嫌がることが多いようですが、
その場合には、同程度の仲間と群れること、または引きこもることで、
緩和される程度のもので終わります。

●しかし自我が完全に経験を消化して、正常に肥大化した場合には、
自分の存在意識と、それが決して触れることの出来ない「全体」
というギャップ以外には何も意識されません。
自分がいて、世界や宇宙がある、単に、その認識だけの中で、
すべてが停止してしまいます。
生きる意義とか意味を思考する事など不可能であり、
その二つの狭間だけが知覚され続ける状態となります。

●と、ここまでは自我が正常に発達した場合に辿るプロセスであり、
その向こう側に広がる領域を含む話なので、今回のテーマではありません。
問題は、こうしてみると、自我というのが記憶でもなく、
経験そのものでもなく、生まれ変わりに必要な「核」なのでもなく、
実は、「圧力を伴ったもの」であることがイメージできるかもしれません。
自我という「もの」があるわけではなくて、
「自我意識」「自我感覚」を生じさせるシステムがあるということです。

●そのシステムは、とんでもなく皮肉なことに、
「無自我」あるいは、人間の肉体や知覚では処理できないような高次意識をわざと、
負担がかかるように、個体の人間に押し込める、という方法と「併用して」、
作られたものです。
つまり一方で限界が感じられないはずの原初意識があり、
その一方で限界ばかりを感じる自我（境界線意識）のシステムが組み込まれた
というわけです。
この矛盾した軋轢、摩擦の中で人間の自我感覚は、肥大し、
苦痛を感じる結果となりました。

●ただし、その自我の境界線が圧力の増加によって、
「風船」のように破裂するという事故が、何例かおきました。
それが「悟り」です。
どの次元の層の風船を割ってしまったかによっては、結果には違いがありますが、
風船が壊れたのですから、内部にあった高次意識、
これを原初の意識の断片といってもいいですが、
これが拡散してしまうという現象が起きます。
しかしほとんどの場合に、肉体はそれに追従はしません。
もしもこの圧力が、身体そのものに加わった場合には、身体は機能停止をします。
ただし、身体にこれが起きることはほとんど稀です。
これが身体に直接に影響を及ぼしたのは、私の個人的な推測ですが、
それこそ、5000年以上とか前の話です。
つまり、悟りの拡散意識を応用して、何かの実験をして失敗したときに
身体そのものが破裂してしまう、という事故が起き得たのは、遥か昔の話です。

たぶん、何者かの手によって、物質の次元と思考の次元が分断されたために、
意識の影響が直接的には身体と関係を持たないように
「絶縁体」が作られたのだろうと私は思っています。
たぶんですがそれはエジプトの初期ころ？でしょうか。

●さて、話をもっと分かりやすくしてゆきますが、私が言っている、全自我とか、
原型自我というのは、「風船の内部の内圧の量」のようなものですから、
電圧と喩えてもかまわないわけです。
個別にそこに何かの内容があるものではなくて、単なる圧力です。
では、それが内圧を復元できないのかとなると、
それは高次意識とは違うので復元できないのです。

●高次意識というのは、それこそ「人間全員、そもそも悟りなんか、既にありますよ」
というその部分なのですが、これは自我とはそもそも関係なく、今でも皆さんの中
にあります。
どんな希釈自我の人も、実は悟りの因子である、原初意識を内包していない
ということはありえません。

●ただ、それに拮抗する形の自我意識を生み出す圧力と境界線のシステムがあり、
これは原初意識でもなければ、さらには私たちが自主的に作ったものでもありません。
これこそが、人間以外の次元の者によって「作られた部分」です。
それが作られた目的は、何度も言いますように、
「強烈に、限界を感じる意識」（自我感覚のシステム）と
「強烈に、無限界を感じる意識」（原初意識のシステム）
この二つを人間の中で決して「融合不可能な形として対立させ」、
それによって、その苦痛と違和感と不安感から、
人間がさまざまな精神活動や肉体活動を通じて、感情を発生させるためです。
そうして搾取された私たちの感情の行くつく先は、既に言ったように「薬品」です。
しかも、「彼ら」にとっての、向精神薬です。

●ただ、それでも、その苦痛の中で、
人間が、それに拮抗して、人間それ自体も、その異常事態を

少しは、楽しさや、娯楽や、創造行為として容認できていた時代が長くありました。
「おもしろき　なき世の中を　おもしろく」などという言葉は、
全自我の時代（または全自我を持った個人）にのみ言えた台詞です。
確かに、閉塞感のある肉体の中は、苦痛ではあるが、
自我というシステムを自分で選んだのだから、しかたあるまい、と許すことが
まだ出来た時代です。
（概算ですが）そこにひとつの大きな節目が生じたのが、
16世紀ごろということになります。

●自我を分割などしたら、圧力低下を起こし、
その結果として、人間から搾取する生産物さえ濃度が薄くなる
というのに、なぜそのような愚かなことをしたのかは不明です。
地球に生まれたがっている希望者が増えたから
「乗り物を増やすため」にそうしたとはとても思えません。
また自然に人口が増殖したために、単純に、エーテル体などの濃度が落ちたとも
考えられません。
そういうレベルでしたら、地球にはまだまだエネルギーは充満していますし
そうした次元のエネルギーは、地上の生物や鉱物だけではなく太陽や宇宙からも
提供されています。
あきらかに、人間の人口密度とか、その他の霊的な「環境」密度が変化したからで
はなくて、「人間という個体それぞれの、質が劣化したり低下した」というのが
私の結論です。
だから、霊的な次元までをも考慮しても、
なお断じて、それは、環境のせいなのではありません。
個々の作物の「内部に」何かの異変が起きたのです。
だから、仮に人口を十分の一にしても、人間は元には復元しません。
金魚蜂の中の金魚が減っても、内的なストレスと異常性は変わらないのです。
しかもそれは私たち「人間自身の責任」に由来するものとは、私には思えません。

●皆さんは、自我の強い人（私に言わせれば、強いのでなく当たり前の自我を持つ
人たち）の特徴というのをなんとなくイメージできるでしょうか？
彼らのほとんどは、濃度の差はあれ、かなり個性が強いです。
これといった個性が強くない場合でも、癖があります。

そしていうなれば、すごく嫌な奴でもあるのですが、
すごくいい奴でもあるという、二面性を必ず持っています。
ところがそうではない、嫌な奴というのを皆さんはご存知のはずです。
単に、どこまでも腐っているだけで、
そもそも、自我がちゃんとあったらやるはずもないことをしたり、
言うはずもないことを言う者たちです。
自我というのは、人間性とイコールではありませんが、
少なくとも、それ以下には絶対に落ちることの出来ないラインを持っています。

しかし、希釈自我の場合には、
実際には、自我の機能をバランスよく使っているのではなくて、
単なる生存欲とか、羞恥心とか、見栄とか、そうした自我が持ったり、
生産する可能性のあるごく一部の機能だけが強烈に、自動的に機能しています。
たとえば、嘘をつくことだけにすべてのエネルギーが使われるなどです。
全自我であれば、悪業にもそのエネルギーは使われるかもしれませんが、
余剰分がありますので、バランスとして、全く逆のものも表出します。
しかし希釈自我の場合には、通常の全自我が持つ機能の
ごく一部だけしか全開に出来ません。

また、攻撃的でもなく、醜くも無い、ゾンビではない人たちの場合、
この人たちは、害悪もないかわりには、個性も決断力もないといったひ弱な感じを
与える希釈自我の状態に留まります。
この人たちは、醜悪な目的の為にその少ない自我が使われることは幸いにして、
あまりなかった幸運な人（ゾンビ化しなかった人）なのですが、
自分が、何かを望んだり、決断したり、実行するときの圧力が極めて劣化しています。

●人類というものを皆さん自身の自我が全自我なのか、
それとも、希釈自我なのかということは、自分のことは棚にあげていいので、
記憶をたどって、皆さんの知り合いのことを思い出してみてください。
その相手の人が、俗に言う、良い人だとか悪い人だとか、そういう問題ではなくて、
また、自分と意見が対立しているとかいないとかではなく、
自分と利害関係がどう対立したかなどではなくて、
自我の「濃度」のような対象としてだけで判断した場合、

あきらかに、あなたの言ったりしたことを受け止めるキャパシティーの高低のようなものの違いを感じるはずです。
自分が投げかけたものを、全部キャッチできる人と、あなたが投げたものを半分とか、1/4とか、1/8ぐらしか受け取れない人たちです。
私はこのことを最近よく「反射率」と表現します。
あなたが例えば、光を放ち、相手がそれを反射する月であったとして、
あなたは、その反射が鈍い人たちを何人も思い出すはずです。
ただし、これは、あなたのことを相手にしてくれたとかしてくれないとか、
そういう問題ではありません。ほんの一言二言でも、ちゃんと相手にする人はします。
そもそも、相手の自我のキャパが狭すぎて、
あなたの存在から発するものをスルーしてしまっているのです。
ただし誤解のないようにしてほしい点は、たとえば、あなたの話題に相手がついてくるとかこないとか、そういう問題でもありません。

言葉にするのは難しいのですが、
やりとりされる内容より以前に、そこで起きている「物理現象」といったほうが、
私には感覚的にしっくりきます。
皆さんも、家族内、知人、職場、趣味の集まり、など、
どこかでそれを感じたことが多くあるはずです。

●この逆のケースもあります。
希釈自我の人が自分よりも上位の自我の人に何かを投じた場合、相手からは、
少なくとも同量、時には、2倍かそれ以上の圧力が反射することもあります。
そのために、それを処理できない負担として感じたり、
時には、脅威や敵意と誤認したりして、かかわりを避けるということが起きます。
しかし、これはしかたないことです。
今のところ、自我の分割については、
ここ約一年弱の間に、概念的に少しずつ変化していることはご了承ください。
それは少しずつ調査するに従って、
その、複雑に劣化した様相が、だんだんはっきりしてきたからです。

1-「宗教に汚染された地球人」を執筆したときには、
　単純に、誰かの悪意と不正行為によって自我が分割されたという認識しか

ありませんでした。
2−その後、「無心の禅書」の「第10巻」では、
　　同じ分割数の自我同士が、この世界または、死後に結合すればなんとかなると
　　楽観視していました。
3−さらには、生きている間にどうやら、自分ひとりだけの力では
　　正常な形には、復元はできないことが明らかになってきました。
4−さらには、死んでも、すぐに再生産のラインに運ばれるので、
　　死後直後に、またさらに細かく分割されてしまう危険性がある事も判明しました。
5−現在の結論では、とりあえずは、自我復元法によって「正気」になれば、
　　「出荷当時の原型の自我状態」になるのですから、
　　地球のシステムに参加するかしないかの、拒否権を発動できるということです。

昔は人間は全員、その拒否権、選択権を持っていたはずなのですが、
自我が希釈されてからは、眠ったように無意識になってしまったようです。

●現状では、私たち人間の側としては、かなり、ふんだり蹴ったりで、まるで虐待
を受けている作物のごとく、管理者の、いいようにされているわけです。

地球という「土地」に立つ
ころころ変わる店舗

●いろいろな土地の駅前や、地価の高い地域とかで、
店舗がしょっちゅう変わるのは、誰もが目にしている光景です。

たとえば、皆さんの近所の交差点のどこかに、かなり以前は、豆腐屋さんだったのが、
その後に食堂になり、その後に、しけたブティックになったと思ったら、
いつの間にか、更地になり、その後に、駐車場になっていて、
また何年かしたら、コンビニになっていた、というようなものです。

●地球の問題を考察するときに、とても複雑で厄介なのは、
この**「経営方針」が何度か変わってしまっている、という側面**です。

それを考慮に入れないと、紀元前の神話や宗教をそのまま信じたり、
ある特定の時代の魔術的体系や、あるいは、世界観といったものが、
そのまま効力を持ち続けていると勘違いをすることです。
この典型的なものが、精神世界という分野です。

●一方で、刻々と変わってゆく、その土地（惑星）のオーナーや、
経営者を見ていると、昔とは全く違う「産業」がそこで運営されています。
たとえば、現在私が問題にしている希釈自我の問題は、
当然のこととして、数百年前までは問題にすらなっていませんでした。

●惑星の歴史をどこから見はじめるかにもよりますし、
私個人は、さほどこの惑星に、深入りしているわけではありませんので、
不確かで、断片的な事しか分かりませんが、
もっとも、最初に覚えているのは、「生物実験地」という「店」としての地球です。
専門の「生物デザイナー」たちが、自由に地球上の生物のデザインをした時期があり、
その時点では、主目的がそれでしたので、
地球は、今のような、麻薬農園でもなく、また自我の実験も当時はありませんでした。

●もしも、今でも、もしも地球を来訪する別の世界の人たちがいたら
（ほとんどいませんが）、はっきり言って、地球上の生物の種類の多様さには、
たまげると思います。仮にこれを、地球の「動植物園」という店舗名の時期とします。

●その店の方針の第一期が、いつまで続いたのか分かりませんが、
次に覚えているのは、次のような「店の広告」です。

「これはすごいぜ。よってらっしゃい、みてらっしゃい。
あなたが望んだ"本物の苦痛"を提供します。
まさに、本物の現実かと見間違うほどの完璧なイリュージョン」

ただしこの時点では、現在のような自我が形成されていたかは不明です。
単に、人間という肉体を乗り物として使った、「観光産業」だったように思います。
「おい、この地面や石ころや、水、安定性が、ものすごいじゃないか！」みたいな
感じです。
ただし経験されることの内容は、わりとのんびりとしたもので、
いわゆる、衣食住と性の分割だけでも、かなりの娯楽性を
来訪者たちは満喫することが出来たはずです。

●そして、その次の段階から問題が発生します。
そのあとに、その体験型の動植物園が、ルーシュ生産の工場として
「誰か」に、引き渡された時代がありました。
そこでは、ツアーの「乗り物」としての人間の改良が行われました。
「第四種作物」と一部の人たちに呼ばれているのがそれです。
原初意識を、それに拮抗する強力な殻の中に圧縮することで、
それまで以上の「苦痛」が生産されることが発見された時期です。

●ただし、この時点ではこの地球という惑星の内部に生まれるという形でこの惑星
を来訪するツアー客のほとんどは、いわゆる地球の人間ではありませんでした。
そして、契約上の取り決めがあり、分かりやすくいいますと、契約書のようなもの
が明確にあり、もっと分かりやすくいうと、その契約書とは、本書の冒頭に記した、
「旅行代理店が発行している契約書」のようなものです。
「この惑星には、これこれの制限がありますが、
　今までにないような、主体感覚を意識できるような自我があり、
　しかし、極めてリアルに感じる幻想を、体験することが出来て、云々……」
たぶん、保険契約の裏面ぐらいに、もっと長たらしい注意書きだったと思いますが。
それでもこの時期に、客として契約する人たちには、

自主的に、そのツアーを途中でやめる「権利」も明確にありました。
ワンサイドに何かが決められていたわけではなくて、
元を辿れば、ここを読んでいる全ての読者の人たちは、地球以外から、ここへ
バーチャル体験ツアーの、「観光客」としてやってきたということです。

●この時期までの地球が、私がかつて知っていたもので、
明らかに、そこではまだ「旅行代理店」と「顧客」の間の取り決めは、
正常な契約に基づいていました。
余談ですが、この当時、選べる生存形態は、人間だけではなく、
人間と少し異なるもの、（上手く表現は出来ませんが）、
その後の時代に「妖魔」とか魔物や妖怪と呼ばれてしまった形状を
選ぶことも出来ました。

これは、たぶん、次元的には、まだ三次元的な次元とも交差していて、
こっちがわに、気楽に現れたり消えたりも出来たような気がします。
完全な人間ではないそれらの形状を選ぶ理由の一つは、ちょっと、「人間体験」
という、ジェットコースターがきつすぎて、振り回されるのは、吐き気がして苦手だ、
といった客の為の、オプションのようなものです。
私も一度か二度、それをツアーの乗り物の肉体として選んだ記憶があります。

●そして、しばらくは順調な店舗経営をしていたのですが、
そこへ来る客に対する、サービスよりも、
そこに来た客から採取できるルーシュ（主に「葛藤の感情」）の生産の方がメインに
なってしまった時期が到来します。
こうなると、客へのサービスなど、どうでもよくて、客は単なるカモになりました。

●サービスの低下というものは、どういう産業でも必ず衰退を招きます。
従って、惑星のデザインや環境の整備を怠って、
単なる、客集めに走った経営時期がありました。
ところが、それをしたために、とうとう地球という店舗の人気が落ちたのです。

●当時はまだ、主体性を持った外来の意識体が、
全自我という、遊園地専用の衣服を借りて、暮らしていましたので、

当然のこととして、つまらなくなった店には二度とこないものです。
そうやって、地球に生まれる人口が減少を始めた時期がありました。
経営者の側としては、ルーシュを納品する相手もいましたから、それでは困るわけで、
まず、客が減って、生産量が減ったという事実を、
ルーシュの買い手に知られないために、自我の分割が行われました。

●平たく言いますと、実際には、顧客が、拒否して、解約する者たちが続出して、
「客足が遠のいた」のにも関わらず、
「うちは、まだ繁盛していますから、ご安心ください。
　だって、ほら、こんなに地球の人口が順調に増えているのは、
　顧客がどんどん来ているからです」、
と、買い手側に、虚偽の報告によって説得することが出来たわけです。

●そして、顧客が解約したり、外部から地球に来なくなったのには、
比較的明確な理由がありました。
それは「大規模の戦争」です。
皆さんもよく考えてください。
もしも戦争中に生まれたら、その戦争が「まだ続いている時期」に死んだ場合には、
かなりの比率で、二度とそこには生まれたくなくなるものです。
どういう理由をつけても、大規模な戦争というものは、
生命経験に「うんざりする動機」のひとつとなります。

●そこで、第一次大戦の前にも、歴史を遡ればいくつもの
「民族同士でも、わりと規模の大きな戦争」が、
古代からも連綿と起きてきたわけですが、そのたびに、地球へ来る観光客たちは、
減ったり、または、「解約」して、地球からは、出て行きました。

●そこで、経営者が考えたことは、既に言った、自我の分割だったわけですが、
それは、人間を使って精製された麻薬原料の「買い手」を詐欺にかける
という事以外に、経営者にとっても、予測外の「おまけ」がついてきました。
**それは、一度でも希釈された自我は「騙しやすい」「洗脳しやすい」という
新しい発見でした。**

●皆さんに、注意して欲しいことは、皆さんは人間を管理している側が、
なんでもかんでも人間について、熟知しているなんて、決して思ってはいけません。
たとえば、雑居ビルの管理人は、
配電盤の位置や、ボイラーの扱いぐらいは知っていても、
そのビルのすべての機能を熟知しているわけではありません。
同じように、人間においても、設計者だけが、その設計物の全域を熟知しており、
管理者や、その建物を使っている者というのは、
おうおうにして、何もかもを知っているわけではありません。
皆さんが使っている無数の家電製品を皆さんが自分では修理出来ないのと同じです。

人間や地球を「使って」店舗を開いて、商売をしているオーナーが、
地球や人間について、何もかもを知っているなどということは、ありません。
むしろ、知らないことが遥かに多いと見ていいです。

●そういうわけですから、
自我を希釈して分割すると、それ以前までは主体性を持って
地球のツアーとの契約を拒否していた客が、
「判断力が鈍って」ふぬけになる、という思わぬ収穫があったわけです。

●全自我の客を、ひとたびでも、「二分の一自我」の乗り物に誘うことさえ出来れば、
そのあとは、ツアーから帰還したときに、主体性を忘れかけており、
より、簡単に、次の四分の一の自我の乗り物とも、たいして考えることもなく、
契約してしまう、という効果があったのです。

●ようは、契約時に、ぼーっとしていて、騙しやすい客を大量に作り上げて、
それを「地球の内部」で、どんどん「数だけ」を増やすという行為が
まかり通ったわけです。
一方で、以前のような、「地球外からやってくるはずの本当の観光客」は、
ほとんどと言っていいほど、地球には来なくなりました。

●これ以後は、今までに私が「梅の間掲示板」で説明したとおりです。
簡単に、地球の歴史をざっと、まとめますと、

1-生物設計の実験室の時期の地球

2-生物体験ツアーの、人気商品の乗り物としての「人類」の設計と改良。

3-ルーシュ生産工場への豹変。(経営者が変わった理由は不明)
　ここで、サービスの低下が起きる。

4-特に規模の大きな戦争の多発による、顧客の減少。
　この時点では、まだ人類のほとんどは全自我であったので解約者が相次ぐ。

5-希釈自我という製品を旅行代理店が作り上げる。

6-それを客に売り込み、「いったん契約さえさせてしまえば」、
　すると、その顧客は、契約を破棄できるだけの主体的な判断力を失うために、
　その次にはもっと劣化した自我でも、疑うこともなく、契約してしまうという
　手口を確立。まるで、いったん借金したら地獄になるヤミ金のような構造です。

7-これらの結末として、地球の現在の経営者は、
　まったく人気のなくなった地球に外部から客を呼ぶことは不可能となっており
　分割自我によって、客の判断力を劣化させることで、
　一定の顧客の総量は、なんとかかんとか維持できており、
　従って、麻薬原料となる感情波形もなんとか納品できているものの、
　総合的に見れば、作物の品質は確実に劣化している。

8-こうした理由からも、買い手側から、
　「最近の納品数が少ないこと」「品質が悪いこと」に文句を言われた経営者は、
　億の人口単位で、大量に地球の人類を(刈り取る=殺傷)ことで、
　一時的に、「大漁」「豊作」を偽装する可能性が大。
　つまりこれが近未来の核戦争となります。

9-ところが、その後、言うまでもなく、人口の減少とともに、
　極端に、麻薬原料(=人間の感情)の生産量は減り、
　現在の地球という惑星の経営は完全に「破綻、破産」してしまい、
　また「別の店舗」が作られ、経営される事が予測できます。

その時期には、人類という生物に対するちょっとした、
「社会学な実験」の期間がしばらく続き、
人間を作物とした、麻薬原料の生産は中止される可能性が高いです。
ただし、元のような、楽しいツアーの施設として復元することも
しばらくはありません。
この時期の地球を経営するのが（私見では）非常に退屈な連中であり、
この時期に人間として生まれた場合には、
自我も、依然として薄く希釈されたままに残り、
ただし苦痛は現在よりは多少は少なく、
感情起伏は、現在よりもかなり平坦なものとなり、
しばらくは、それまでの人類という作物の「後始末」のような雰囲気の時期が
長く続きます。

10-結論から言いますと、今後、100年以上（いや300年か？）は、
地球に生存することには、「全く価値がない」です。
何しろ、経営方針が、もう既に現在ですら、めちゃくちゃですから、
腰をすえて、地球で何かをじっくりと経験したり満喫は出来ません。
試練こそ人間の価値だとかわめく人たちはいそうですが、残念ながら、
昔の地球経験とは違って、
「何も実りなき試練＝ただの無駄」となる可能性が大でしょう。

●よって、私が現在着目しているのは、
現時点で、地球の旅行代理店と「解約」できるだけの自我を
何十人か、何百人かの中で、復元しておくことです。

簡単に言いますと、梅の間の読者程度の、少人数でもいいので、
その人が、死んだときに、ボケーっとしていない、
普通の意味で、ちゃんと「意識のある人たち」に、その人たちを戻すことです。
かつて皆さんが地球のツアーと契約したときと同じ、
まだ今ほどには意識が眠っていない状態です。

次の移転先を自分で決めることも重要ですが、
せめて、現在の契約を解約できる程度までに、

主体性のある意識を復元しておく必要があります。
その為のひとつの方法が、自我電圧の修復です。
言うまでもなく、あなたの肉体に死が来る、
その前までに、きちんと、やっておかねばなりません。

■ちなみに、かなりの未来になってから、
地球は最終的には、前述の「2」の状態の経営方針に戻ると私は読んでいます。
ただし、それまで何千年も時間がありますので、
皆さんは、その時に地球に戻ってくるにしても、
それまでの数千年は、ここからは離れた方が得策です。

地球という名の、廃業寸前の遊園地

●そもそも、地球上の人間の寿命が、平均的に60年から80年ぐらいに
設定されているのは、どうしてかご存知でしょうか？
設計する側からすればそこはかなりどうにでもなったはずなのですが、
なぜか、たったの70年程度に設定されています。

●しかも、もしも前世というものがあると「仮定」した場合ですが、
ご丁寧に、いちいち、その記憶を喪失して生まれるという、
なんとも、お粗末なシステムです。

たとえば、地球での人間の寿命が、4000歳程度だったと仮定してください。
そこまで多くなくても、500年程度でも充分でしょう。
もしも最初からそうだったら、社会はどう変わったと思いますか？

●その4000歳なり、500歳の寿命の中で、
言うまでもなく、機能低下や老いがいつから始まるかにもよりますが、
少なくとも、一生の間で経験できることは、現在の7倍から10倍以上になります。
アインシュタインが今もなお生きていたら、
彼はその後も、別の発見をしたかもしれません。
まー、何百年生きても、だらだらと同じことを繰り返すという悪癖も、
人間にはありますので、必ずしも大きな変化があったであろうとは断言できません
が、少なくとも、人間の寿命がもしも4000歳程度であった場合には、
文化や文明の発達というのは、加速的になります。

●ですから、別の銀河系（と地球の人間の知覚に呼ばれている、
または観測されている領域）に、多くの種類の生命や、二足歩行生物も、
そうでないものも存在している事は、間違いありませんが、
その多くの種族が、とっくの大昔に超光速で移動できる技術を開発済みであること
など、ごく「当たり前のこと」なのです。
なにしろ、こんな知性や文明の発達に「不効率なロス」しかない
この地球の方が、病的なほど例外的で「異常」なのですから。

**●また、仮に肉体は50年で死ぬとしても、もしも、あらゆる人間の記憶がすべて
残るとしたら、生まれたばかりの子供であっても、その子供の中には何万年分もの、**

知識の蓄積があることになります。

●実は、宇宙では、どちらかといえば、
そのサイクルの寿命の単位が、平均的であるという話は、
皆さんも、あちこちの「トンデモ系の」本で読んだことがあると思います。
私は「その点だけ」に関しては、事実が語られた部分も多いと見ています。
実際は、逆に、この地球での生存形態の方が、異常です。

●**いちいち生まれるたびに（死ぬたびに）記憶を失ったり、**
また寿命がたったの 70 年、この方が、よっぽど異常なのです。
この点に関しては、ロバート・モンローが、ごく簡単にですが、
さらりと真実を述べていました。

「**この世界では、人がさらなる欲望を達成しようとする、**
その前に、寿命が尽きるようになっており、云々……」

つまりは、人間の寿命設定も、管理側が、わざとやったんですよ。
ほとんどの場合には、一回の生で、目標が達成できないようになっており、
それが原因で、「あと、もう一回、やりたい」というトラップにはまるわけです。
これが延々と、繰り返されて、
人間が下降し続けて、「帰還不可能に陥る」という構造です。

●それでも、千年ほど前の昔は、まだ、全自我が主流でしたから、
短い生の回数でも、経験を上手く回収して、満足して地球を卒業する、（飽きる）
ということも頻繁にありました。
それもあってか、少なくともあの 1500 年あたりの希釈自我事件が起きる前までは、
けっこう、他の惑星や天体からこの地球に生まれたという人も多くいました。
その名残が、この惑星の文化の一部には、まだ古代遺跡などの形で残っています。

●しかし、内部で分割自我を生産し始めてからは、
自我が地球での経験を何度も経験しても、不満がつのるという悪循環が起き、
多少とも賢い人たちは、見切りをつけてそれ以後は、地球には生まれませんでした。
簡単にいえば、「あの店は、もう終わったな」というわけです。

●それでも、まだ中世ヨーロッパから、イギリスで産業革命が起きる前までは、
「全自我」も、今よりもずっと健在でした。
それは、どこに発見できるかというと、主に、絵画と音楽の世界です。
私はクラシック音楽は、個人的には趣味ではないですが、
それでもたまにテレビなどで聞きますと、
現代の人たちが、今でもなお、クラシック音楽を越えられない原因は簡単なことです。
当時、かなりの芸術家たちは、全自我だったのですから。
絵画でも似たような状態です。
現在よりも、物資も、楽器も、情報もなかった時代の
その人たちの作品が、今の時代に聴いたり、見ても、「すごい」のは、
何を差し置いても、当時の人間の自我がまだ原型を多く保っていたためです。
現代の、スッカスッカの自我の人たちが何を作っても、
彼らに、かなうわけがありません。

●さて、そもそも、この地球という惑星ですが、
たとえ、原始的な状態の人類としてここに生まれ、
飢えて、食べて、生殖する、そして病に倒れたり、死ぬ、
この単純な生命経験でさえも、かつては「充分な価値」を持っていました。
いや、むしろ当時の方が、今よりもずっと誰もが人間に生まれる
目的を把握していましたから、生きる目的で迷うこともありませんでした。
いつの時代かというと、ちょっと古すぎるのですが、
今から、紀元前 5000 年以上前ぐらいの話です。

●ちょっと想像してみてください。
これは、たぶん、これから約 3000 年ほどの未来に地球に起きる「可能性の一つ」
ですが、地上から人類が全くいなくなったとします。
ほっておいても、当然、その日は必ず来ます。
あるいは逆に、今から何十万年も前の地球。

さながら、地球という惑星は、まるで、植物園や、動物園のように、
さまざまな動物たちと植物たちが存在します。
惑星のデザインとしては大して珍しい星でもなく、

たいした価値がある星でもありませんが、
唯一、現在のような「人間」さえ存在しなければ、ここは比較的、美しい星です。
**植物を眺め、動物と共存し、飢えて、食って、生殖して、寝て、死ぬ、
それだけでも分すきるほどの生命経験の恩恵がこの星にはあります。**

●死ぬほど退屈な、別の次元での生活に比べれば、
一時の、休暇ぐらいにはなり得る星でした。
なにしろ、たった50年という、信じられないほど短い、
つかの間の生を、高速で経験できる遊園地だったからです。

●**そういうわけですから、知的な探求がしたいのでしたら、ご自由に早く死んで、
別のところに行くことを私はお勧めします。**
また本来、生命がどういうものが平均的であるのか思い出したいのであれば、
ここであーだこうだと、（本当は何も確実なこと知らないのに）知ったようなことを
言ってるそんな時間が無駄ですから、
これまた、早く死んで、郷里の星に帰ったほうがいいです。
また、悟りたいとか言っている人たちも同じく、
ここで生きていてもラチがあきませんので、
早く死んで移動した方がよっぽど無駄がありません。

●この地球で、僅かにですが、悟った人たちが存在した最大の理由は、
実はその人たちは、そもそも、自我経験を終了した人たちだったということです。
本来であれば、自我経験の満了と同時に死して、
ここでの生は「解約」となるはずでしたが、
いろいろな「個人的な理由や動機」によって、居残ってしまったわけです。
その居残っている時間に、本来は、他の星で「その続き」をやるべきだったものを、
この惑星上で経験してしまったわけです。
そうなれば、自我経験と生命経験が目的であったこの地球での
主流の目的とは「全く違うこと」をやらかしてしまったわけですから、
彼らがこの惑星の人たちが無自覚にいだく価値観には、
うまく適応できなくなるのは当たり前のことです。
大学院にいってからやればいい勉強を、中学校の中でやっているようなものですから。

ざっくりとした地球人類史

●分割自我の問題を扱う時には、結局は、古代史から
やり直さないとならないので、極めて「雑に」ですが、説明しておきます。

希釈自我が始まった時代というのは、地球が誕生してからの長いスパンでみれば、
ほとんど「近代史」のようなものです。
そこで、時代区分を、もう一度仕切りなおします。

【第一期地球】

■この時期は単なる鉱物の塊です。
特に、説明は不要ですが、特筆すべきことは、元素の安定性が
極めて高い惑星として作られたことぐらいです。
土地で言うならば、ただの「サラ地」です。
ただし土地（この惑星）の所有者は既に存在しました。
仮にこれを「オーナーA」とします。

【第二期地球】

■微生物、植物、動物のなどの環境が設計された時期ですが、
これは「オーナーA」による設計ではなく、
雇われた「生物設計の専門家」によるもの。
私は原則として、宇宙における生物の全てには設計者が存在すると考えていますので、
偶発的な突然変異や、全くの偶発的な化合による微生物の自然発生
というものすらない、としています。
この生物設計者は「環境設計チームB」としておきます。
「オーナーA」は「環境設計チームB」に「外注」したことになります。

【第三期地球】

■生物環境がある程度整った段階で、「オーナーA」は、
「実験場を提供するので、 面白い企画を持ち込みたい者は、集まるように」と
召集をかけた。この時に推定で、約24種の「研究チーム」が地球に集まった。

なお「環境設計チームB」は、生物環境の基礎工事を終えたので地球を去った。
特筆すべきことは、この時に地球に集まった24のチームの者たちは、
その生存形態を、ほとんど変えていないままに地球に降りたか、
または、地球に適応する形に、「やや変形を施して」降りたという点。
つまり、地球型の人間では全くないということ。
24のチームはそれぞれに限定された大陸や地域を割り当てられて、
各自のしたい実験を行なった。
その実験の中には、生物合成、物理法則の確認や、部分変更などが含まれた。

【第四期地球】

■その24種の研究チームの中の一つ「チームC」が、
地球における「主な優勢種」になり得る基本的な生物を製造しようした。
ただし、これは初期の環境設計をした前述の「チームB」とは別のチーム。
その「チームC」が作ったのが、今日の人類のプロトタイプである。
「オーナーA」は、その生物を気にいって、その人類の増産に着手した。
またこの人類は、他の生物よりも、やや多く感情波を発生することが発見された。

【第五期地球】

しばらく24の研究チームは地球に混在して、各自のしたい実験を行ない、
人類にも、特に大きな改造は加えられなかった。
しかし、ほどなくして「チームC」は、その人類の肉体を「部外者（地球外生物）」が、
「意識と記憶の乗り物」として使えるように設計を施した。

■この時点で「地球型の」「自我という枠」を作ったが、
推定ではこの「枠」は、今で言うところの、
「第四身体」のメンタル体領域に構築されたものと思われる。
自我を形成する部品は、メンタル体（第四身体）とアストラル体（第三身体）の双
方にまたがっているかもしれないが、詳細は、まだ不明。

■この時点で、「地球型の身体と自我に意識と記憶をインストールする」
という観光産業が発生したと同時に、感情波生産のプラントが完成した。

しかし、この段階で、それ以外の 23 の研究チームの多くは、
自分たちが関心を持つ研究とは異なる実験が地球に生じたために、地球を去った。
それが初期の地球型の「原型自我」と「肉体」というセットで販売された、
「物件」または「乗り物」であり、当然ここには自我の分割や、希釈自我などという
ものは、一切存在していなかった時代である。
このプラントが、正常に稼動したため、「オーナー A」は地球から出て、
しばらく不在となる。

【第六期地球】

■「チーム C」は、プラントとツアー産業の管理を、
「チーム D」に手渡し、地球を去る。
その「チーム D」が、自我の分割を開始して今日に至る。
ただし「チーム D」は、自我そのものの製造方法も知らず、
人間の製造方法も知らないという、ずさんなチーム。

■ただし、「チーム B」や「チーム C」のように、
一定期間だけ、生物の設計や施工に携わり、それが済めば、すぐにその惑星を去る
ということは、ごくごく一般的な「普通のこと」である。
故に、その後の地球の運営は、管理会社の「チーム D」の手に渡ったのである。
建築後の居住者に対する管理は「管理専門の会社」が行なう、
という点では、それは地球の「建設業務」にも似ている。
何も「工務店の従業員が、その家に住む必要などない」のだから。
その「常識」を知らない為に、**地球の人たちは、**
「人間を作った者が、その後も自分たちを見守ってくれている」などという、
「とんだ夢想」をしていることが実に多い。

【第七期地球】

■ここからは「未来史」です。
2000 年代（2100 年未満）に、地球で大戦が勃発。
人類の肉体数は、最終的には、約 20 億以下となる。
おくればせながら、「オーナー A」が帰還。（・・おい、遅すぎる。）

この時点で、人類という作物を台無しにしたという理由で、
「チームD」は「オーナーA」によって解任。
「オーナーA」によって、臨時に「チームC」が呼び戻されて、
自我の「再結合」を行なうが、ただし、原型自我の総数（約5億）に比較して、
肉体としての生存枠（数）には、まだ「余剰」があるために、
全自我には戻さず、平均的に1/4自我あたりに固定。
以後、人口増加は起きない。むしろ人口は緩やかに減少し、
政治的な主導権は、1/2自我の人間の価値観によって行なわれる。
この時期に、外宇宙から地球への、文明的な干渉と、
信念体系への両方の干渉があった。
その価値観と技術の誤用によって、その後、地球上の全人類が死滅。

【第八期地球】

■早い話が、「第三期地球」に似た状態にリセットされる。
ただし「Cチーム」が残した人類に、さらなる改良を加えた人類も、
少数だが地球上に「娯楽用」に配備。
ただし以前の「地球型の自我」ではなく、新型の自我であるので、
「感情波」が以前ほどには発生しないように改良された。
そもそも、この感情波というのは極度の「生存欲」または、
極度の「死への恐怖」から発生することが多いのだが、
新型の自我は、自己保存プログラムを緩めたので、それがない。
この時期には、外宇宙から、地球型ではない独自の自我と、肉体を保存したままで
地球に降下することも出来るが、
「地球産の原型自我を持つ肉体」に入るという経験も、選択できる、
つまりは、いずれは「過去の時代に似た形式」に戻るということ。

●ところで、皆さんは、「オーナーA」について、どういう印象を持たれたでしょうか？
「無責任」という印象を受けた人も多いと思いますが、残念ながら、それは事実です。
「オーナーA」が地球に対して持っている感覚というのは、
愛人ならば2号未満。まー、よくても4号あたりの感覚でしょうか。
不動産に喩えるならば、いつも「オーナーA」が居住しているところ、
または本社ビルは立派だが、

それに比べて地球は「オーナーA」が所有する何十個もある不動産のうちの
小さな「雑居ビル」のようなものです。
つまり、「オーナーA」にとって、地球は「重要度が非常に低い」という印象を
私は持っています。
重要度が低いので、まるでガレージショップのような扱いといいますか、
「雑居ビルを使った、実験室の貸し出し」のような環境を作った、と見なせます。
そもそも、自分が手厚く管理して、愛着を持っている惑星に対しては、
「何がどうなるかも分からないような実験」に土地を貸すようなことは
決してしませんから。

●また、私が「オーナーA」は地球に「入れ込んでいない」と感じる根拠は、
通常は、オーナーによって手が加えられて、手厚く管理された惑星（庭）には、
私が知るかぎり「ある特徴」があります。
一言に言うと、それは「眼の存在」です。
そういうネットワーク社会では、生きている者たちのすべてが、
「監視の眼」を常に感じます。
それは、誰かに観られているという感覚なのですが、よく言われるような悪い印象や、
または悪い意味での奴隷的な監視ではなく、
むしろ、ある意味の安心感を持てるものです。
また、何か分からないことがあった場合に、その「眼」に同調することで、
必要な情報を得たり、自分の方向性を決めることが出来ます。

●この感覚は、おそらくは、現在の地球の人たちも、
他にいたときには、よく覚えていたはずの感覚です。
私としては、使いたくない言葉ですが、そうした管理の良い惑星では、
どこにいても、「守られている」あるいは「見守られている」という明確な感覚が
生じます。
ただし、この感覚を、無駄に、必要以上に「後追い」すると、
宗教または全体主義的な信念体系が出来上がってしまう弊害はありますが、
逆に現在の地球は、「あまりにも、見捨てられている」という印象が強いのです。
たぶん、そのことは、潜在的には多くの人たちが感じているはずです。
宗教や精神世界は、自分よりも上位次元に位置すると思い込んでいる
存在に対して、いろいろな「屁理屈」と「夢想」を主張しますが、

多くの人たちは、結局のところは無意識の中では、地球が、
ぞんざいに「管理放棄」されているような不安な印象を感じています。
ですから「確かな安心感を伴う生の実感は、ここにはない」という印象を
持っている人たちも、かなりいるはずです。

遠い過去には、ネットワークの「眼」に守られていた生活を、
皆さんも経験しているわけですから、
それと、無意識下で比較したときには、現在のこの地球にいることによって、
言いようのない不安感や、焦燥感が生ずるのは無理もありません。
このことを、「人間感情」でも理解できるように簡単に言うと、
「親が見てくれている」「親に手厚く育てられた」という感覚を
全く持てない子供、それが現在の地球の人たちの心理状況の一つです。
たいして愛されていないで、ふてくされている愛人の心境、といったところです。

●そういうわけですから、この「眼」は、現在は不在ですので、
「オーナーA」が地球に、再び立ち寄り、
管理専門の「チームD」がここを去るまでは、
現在皆さんが感じている閉塞感と不安感と、「見捨てられた感」は、
まだまだこの先も続きます。
また一時的に、この重要度の低い愛人宅に、立ち寄ったとしても、
「オーナーA」は、あまり地球の人類には構ってもくれませんから、
「オーナーA」が人類を助けてくれるかのように夢見る事はしないで下さい。

よく、やれガイアだの地球という星の意識がどうのこうのとか、
のたまっている自然主義的な妄想を持った人たちが昔はいましたが、
そういうのは、まさに希釈自我ならではの「現実逃避」といいますか、
そもそも、「直感的な現実認識」すら持てない人たちなのでしょう。
彼らは単に、自然といったものを頭の中だけで、「観念的に夢想」しているにすぎず、
霊的な感覚や、肌で惑星を感じているのではないわけですから。

「蛇足の電波系ヨタ話」

●私が最初に地球に来た記憶が、わずかに残っているのが、第五期です。

地球での主たる実験が、この惑星の「優勢種の製造」に傾いたことと、
オーナーが去った事を理由に、時期を同じくして、ここを去りました。
雰囲気は、シュメールの時代のようだが、
アカデミックな考古学の年代とは符号しないように思えてならないので、
正確には、いつのことかは分からない。
当時、その前時代の「チームB」に属する「CE」という者と、
数年前までは、意識の中では交流があったが、
残念ながら、分割自我への対処を聞き出す前に、縁が切れた。
「CE」は、地球の深海生物のうちのいくつかをデザインした設計技師らしい。

そして第五期地球では、その当時は、「自我経験用の物件販売」には、
私はあまり心地よくない印象を持っていた。
「変な奴の企画が、幅をきかせてきたな」と、いぶかしく思って、
私の属していたチームは、この惑星から、おさらばしたのを覚えています。
（そのわりには、私は好奇心が仇となって、のちに、その地球製の肉体に生まれて
みる事になりました）。

●皆さんには、全くリアリティーもない「与太話」ですが、最も最初にこの惑星に
来た時、当時の私の肌には、一片が３ミリぐらいのきめの細かいウロコがありました。
魚のウロコではなくて、むしろ爬虫類のそれです。
映像として最初に見たときには、皮膚を保護する為の「コーティング・スーツ」を
着ているのかと思いましたがそうではなく当時の「身体そのものの構造」のようです。
紫と言いますか、赤みかがった褐色がベースですが、光の反射で時々、ブルーにも
見える。そのくせ、顔は「わりと」人間っぽい。二足歩行です。
当時は、よく与太話をする相手に、顔がカマキリに似た「友達」がいました。
むろん二足歩行です。
当時、私のチームが行なっていたのは、時空間の「移動技術」の実験でした。

●「地球型の人類」は最初に見たときには、いぶかしんだ「乗り物」でしたが、
その後の時代には、ちょっとした好奇心から、
私は何度か人間の生物体験を選択しました。
「どこの誰の記憶」が合成されているのかは分かりませんが、
明確に記憶しているものだけをピックアップしますと、

ギリシャ（人間とは少し違う）、イタリア（女）、フランス（女）、を各1回、
インドに一度（男）、開拓時代のアメリカに一度（女）、
日本は、今回が二度目です。(二度とも男)。
たったの7回ですので、あまり回数は多くないですが、
人間の持つ情感や、苦痛と、面白さを知るには、充分すぎるほどの体験でした。

●ちなみに、その後、近代史の中で、
今では、人々に大きな「勘違い」をされて、尊敬までされてしまっている、
ブッダ、その他、悟り人と呼ばれる者らは、
「ある視点」から見れば、単なる「事故物件」という位置づけである。
つまり、本来であれば、彼らは、全自我のまま死んで、
この惑星から去って、単に、元の巣に戻ればいいだけの話であったものを、
不覚にも、肉体を持ったままで「物件を壊してしまった」ので、
「事故物件」とも呼ばれる事があります。
おそらくは、自我体験というものに契約をしたものの、
肉体の生存中に、おそろしく、居心地が悪くなったのだろう。

●その中でも、とりわけ「間抜けな行動」をとってしまったのが仏陀である。
彼が、もしも、もう少し賢かったらば、
1-死人、2-老人、3-病人、4-僧侶のうち、「死人」を選択しただろう。
それが、もっとも、てっとり早い「決着のつけ方」だからである。
しかし、彼はあまり賢くなかったので、
「病人」よりも、さらに下の次元に位置する「精神的な病人＝僧侶」を
選んでしまったために、彼が帰還するまでには、
その後何十年もの歳月がかかることとなる。
単に早く、死んで、自我経験の契約を解除すれば、それで済む話であったのに。
(ただしこれは彼のような原型自我の者の場合の話)

●ただし彼らのような「事故物件」を罰したり処分せず、
事故物件のままでも、地上に生存する事を「管理側」が放置した理由は、
偶然にも、その事故物件の「周辺」には、その事故物件と関係を持つことで、
葛藤して「感情波を大量に生産する生物群」が発生することが分かったからである。
何億もの物件の中から、数個程度の事故物件が出たところで、全体に与えるダメー

ジはなく、むしろ感情波の収穫量が増えたので、良しとしたわけである。

■ちなみに、あと数百年、つまり転生回数にして、数回、
あなたが、じっと今の「希釈自我」のままで、地球に何度も生まれてきては、
時には今よりも劣悪な環境で生存し、大した変化もなく、
「混乱の時代」と「退屈な管理社会の時代」を行き続けることをこのままじっと、
「我慢をし続ければ」、まさに「時間」が問題を解決する可能性が大ですので、
「怠惰なままで、解決を待ちたい」という方は、どうぞ、ご自由に。

●ただし、一刻も早く、こんな労働施設を出て、帰還したいという
「正気を持つ人たち」、「まともな神経」を持つ人たちは、
自我を原型に復元して、胸を張って、ここから出て行ってください。
また、何度も言いますが、間違っても、
ここで悟ろうとして「事故物件」には、ならないようにご注意ください。
そんなこと（悟る）などということは、全自我での生物経験こそが目的であった、
この地球でやる必要は全くない、ただの無駄です。
また、そもそも自我が希釈されている現状では、
まともな形ではその「事故物件にすら」もなれません。

●そのような無駄な努力などせずとも、
あなたが、単に「全自我」の状態で死んで、帰還さえすれば、
契約を破棄したあとに、あなたは、自分の意識と記憶と自我範囲を、好きなように
「再修正」出来るのですから。
ですから、間違っても、社会や他人に、
「悟りは良いことだ、人間のあるべき状態だ」、などと吹聴したり、
またはそのような「嘘」を宣伝する「組織」を決して作らないようにして下さい。
そうした言動は、希釈自我の状態の他者を、無意味に不幸にしてしまいます。

■ちなみに、既に説明したように、
「第三期地球」のような時代（あるいは未来の第八期地球）では、
外宇宙で自分が保有していた自我（＝地球型の自我ではない）と、
記憶と肉体を、「そのままの形」で、（または、多少の変形を加えて）、
惑星に降下することは、ごく「普通のこと」です。

「分割自我」と「希釈自我」の違い

■この二つを「混同」している人もいると思うので、定義しておきます。

■分割自我 =

二分割、または三分割、その他の整数分割などに、主体性の器となる自我が分割されること。

たとえば、全自我の者が、同意の下に、1/2自我や、1/3自我などになる事。
文字通り、「割られる」という雰囲気のもの。

■希釈自我 =

主体性の器となる自我が、部分的に「搾取」されること。

たとえば、全自我の者が、同意の元に、20%自我を奪われること。
この場合、本人は4/5自我となり、残った部分は、1/5自我として扱われるか、
またはストックされている他の自我原料に合成して販売される。
文字どおり、「薄められる」または「切り取られる」という雰囲気のもの。

【転生の主体性それ自体が分割される】

■分割自我理論を理解できていないと、過去から言われてきたような、
単純な「転生の概念」に囚われるので注意してください。
多くの人たちが、単純に「漠然と」イメージしていまいがちな、転生のイメージは、
「自主性と記憶を持った主体」が、肉体という衣服を着替えるように、
死後に別の胎児または受精卵に入り込んで、再び生まれるというイメージです。

■しかし事実はそう単純ではなさそうである事を、私は、
「分割自我復元」のDVDの中で語りました。
もしも、皆さんが、私がDVDの中で言っている、意識というものを
単純に、「転生の主体となるもの」と勘違いしてしまうと、
「意識は主体性を保てるはずだから、自我が分割されても、主体は、無傷なはずだ」、
という勘違いをしてしまいます。

それゆえに、私はあのDVDの中で、
一番最初に、転生の主体となるものが仮にあるとすると、
俗に「魂」などとも呼ばれることもあるその「核」は、
「意識、自我、記憶」というトライアングルによって形成されている、
という話を、冒頭でしています。

■しかし、この三つが一体となって、主体を構成している、というふうに理解せずに、
この三つのうちの、意識だけは主体性や意志があり、その主体性が転生の主体性で
あると勘違いをしていらした方からのメールを最近見ました。
しかしその考え方をしてしまうと、
分割自我理論そのものを、誤解してしまうことになります。
そこで、同じような誤解をしている人が、読者の中にいるかもしれませんので、
念のために、ここに、説明の一部を記しておきます。

■ざっくりと、要点を言うならば、「分割自我」というのは、
新しい「概念の名称」として、あくまでも、「便宜的に」私がつけたものです。
実際には、「分割」をされてしまっているのは、自我だけではなく、
「意識、自我、記憶」という、この三つとも、同時に分割がされてしまう、
ということに注意ください。
つまり、正しく言うと、「自我の希釈」とは、
「希釈自我」と同時に「希釈意識」であり「希釈記憶」であるということです。
その基本を分かっていないと、誤解や曲解や、理解不足から、
次のような考え方をしてしまう場合があります。
↓
■質問
> 意識が知覚、転生の主体であるのなら、
> 自我を分割、希釈して増やして自我の乗り物が増えても、
> そこに意識が乗り込まなければ人間は生まれないのであれば、
> 増えた人口分の意識はどのようにして調達しているのですか？

回答。
自我と意識と記憶は、一つのセットとなって、一つの主体性を維持しますので、
その三つも、セットとして分割されます。

たとえば貴方が死んだ場合、あなたに残ったわずかのアイデンティティーは、
現在の半分以下の自我の中へ、意識も半分に希釈されて、送り込まれます。
残ったあなたの意識と自我素材と記憶は、場合によっては、
「他のユーザーに使われるもの」となることもあります。
それらは分割し、あなた以外のユーザーに分配することも可能だからです。
もしも自我が、分割された場合には、
アイデンティティーが自主性を発揮してカバー出来る記憶の範囲も、
そのとたんに「制限」を受けます。
この分割による希釈を、何度も繰り返すと、
どんどんと、僅かな意志決定力しか持たない存在になります。
また記憶などというものも、あなたは、いくらでも他人のものを使ったり、
他者もまた、あなたの記憶を使うことになります。

■質問
> 自我と意識はセットとして分割されることはわかりました。
> しかし、たとえば全自我の人が死んで、その人の意識が自我とともに分割され、
> それぞれ半分になったとすると、地上には二名の人間が誕生するわけですが、
> 元の全自我の意識が選択した1/2自我の人は、
> その全自我の転生として理解できるのですが、
> もう一人の1/2自我の人は誰が選択できるのかに疑問があります。
> 地上の人間が死んで、自我と意識が分割され続けるのなら、
> 常に余剰分の自我と意識ができるわけですから。
> 外部から選択権を持ったユーザーが入り込まない限り、
> それを選択する者はいないのではないかと。
> それとも、分割自我を選択するということは、
> 複数の人間として生まれ変わることになるのでしょうか？

回答。
転生の「主体」という問題について、ご理解されていないようです。
たとえ肉体を持たない主体の行なう選択であっても、
「選択」というものは、そもそも「記憶」によって形成される、「一時的な主体」に
生じます。
つまり記憶がなければ、固有のアイデンティティーは生じません。

しかも記憶やアイデンティティー（主体という「錯覚感覚」）すらも、
個人の所有物ではなく、複数で共有することが出来ます。
そして、自我を二分割するということは、意識量の二分割とともに、
アイデンティティーのデータベースとなっている記憶も、分割されます。
記憶の大半は、管理側によって勝手に分類や合成をされることも多くありますし、
主体性を持った者の手で、選択や合成をする場合もあります。
これ故に、DVDで述べたように、一人の人間の生の記憶は、
他人の生の記憶と、「混合」される場合があります。

だからこそ私は、仮に「今は存在しない、他人の過去の記憶」を持っている
人間がいても、その記憶を持っている人間が、その記憶の中にある人物の
生まれ変わりだとは言えない、と主張します。
しかも、単なる、ちょっとしたテレパシーで読み取っただけであったり、
憑依のようなものに過ぎないものを、転生の証拠だ、とか誤認している
ケースが沢山ありそうです。

●従って、全自我からの、「最初の二分化」では、
たとえば、その者の片割れの分割自我と、半減された意識の乗り物に、
アイデンティティーを形成する記憶として乗るのは、
あなた自身の「断片の記憶」であり、
それもまた、あなたから分離された後に、
「ひとつの主体性」を持ってしまいます。ここが最も重要な点です。

つまり、もしも一度でも、分割自我を選択してしまうと、その時点で（その直後に）、
主体人格とそれを形成する記憶そのものが二分化されますので、
事実上、それは、あなたの「分身のようなもの」と思って構いません。
ただし、その後は、一回の生を経験したあとには、
「二つの別の人格」となりますので、
「帰還時」には、事実上は、「全く別の主体性を持った二つの人格＝主体」となります。
どちらが本当の主体であるか、ということは、この時点で、なくなってしまいます。
また、その二つの人格は、もうその時点では、
お互いが元は「同じものの断片であったこと」は、
全く「認識」できなくなり、すでに事実上も、もはや同じ断片ではありません。

●この希釈状態について、「極端に分かりやすい話」をしますと、
もしも、二分割されたあなたが、死後に、受付の「待合室」にいるときに、
あなたの片割れだった者が、同じベンチのあなたの隣に座っていても、
あなたも相手も、お互いに、自分の分身とは思わず、
相手を自分とは無縁の「他人」だと思うということです。

これが何度も繰り返されるために、
時には「魂」とも呼ばれることのある、「転生の主体そのもの」が、
「量産」または「増産」されるということです。
つまり「主体性など、そんな程度のものである」ということです。

この様子は、地球上でたまに見られる「多重人格」と「似て」いますが、
(あくまでも「比喩」であり、多重人格者の中に複数の意識や自我がある、
ということではありません)
多重人格の場合には、ひとつの肉体に異なる人格が去来したり、共存していますが、
それが、物理的にも異なる、複数の「別の肉体」に散らばるのと似ています。

■質問者
> 自我を選択した直後で、
> すでに別の主体として分れると言うことだったわけですね。
> 記憶は様々に操作される代物のようですが、その記憶が主体性にとっても
> 重要なものであるとわかりました。

補足回答。
おそらくは、そちらの場合には、古典的な昔の概念のように、
転生の「主体」というものを、ずっと変わらず「単一の自己同一性」を持ったものであり、その背景となる記憶も、保存されているはず、と誤解されていたのではないかと思われます。
幽霊や悪霊ほどには、ひどくはありませんが、分離されたものが、
「それ自体の意志と主体性」を別者として持ってしまうのは、
非物質世界の常であるようです。
その点で、既に説明をしましたように、

分割自我というものは、どこか、多重人格の状態にも似ております。
しかも、精神医学で言うところの、「主人格」が、
分割後には、存在しなくなってしまうのが、希釈自我の特徴です。

なお「記憶」の調達は、分身化した対象からではなく、
復元されてゆく自我の体積と意識の容量に伴って、
「現在の環境の中」から調達されるものが多くあります。
アカシックレコードや、死んだ他者や、生きている者から
自分の失われた記憶を補充するいうようなものではありません。

●しかし実際には、我々が「意識、自我、記憶」と認識しているものすらも、
こういう言い方が許されるならば、
「次元の異なる複層」に、またがっているために、
本当の意味での「主体とは何かという定義」は「もっと複雑」です。

もしも、神秘学や、オカルト用語をあえて「乱用」するならば、
エーテル層の記憶と、アストラル層の記憶と、メンタル層の記憶、スピリチュアル層、
コズミック層、ニルヴァーナ層などは記憶の記録媒体が異なり、
自我の性質や、意識がカバーし得る範囲も違う、ということです。

●私が、分割自我理論で展開している「自我」という概念は、
あくまでも「地球の人間」が構造的に持つ「自我」の話であることは、
常に、充分に留意していてください。
すなわち、我々が、この地球にいて「この知覚世界の中」にいる以上は、
「地球での自我」と、「分割自我」という難病の問題しか、皆さんにとっては、
差し迫った問題ではありません。

もしも、地球の人間とは違う、
「他の構造を持つ、自我や、記憶や、意識状態」を経験したいのであれば、
まずは、ここから出て、「地球人をやめてから」そのあとで、
お好きなように、経験してください。

【希釈自我という地獄絵】

■メール-1
> 鈴木崩残様。
> 自我判定、ありがとうございました。
> 相当希釈されているだろうな、と思っていましたが、
> あらためて 18% という数値を突き付けられると、足がすくんでしまいました。
> それは 82% が欠けているということで、
> こんなことがあっていいのだろうかと思いました。
> カケラのような自我とスカスカの意識で 40 年間も生きていたと思うと、
> 通勤電車の中でも悔し涙が出てきて困りました。

■まず、何度も同じことを言いますが、
結果が、どのような希釈率であっても、復元を地道に行なってください。
どのような希釈率でもというのは、自我率が、1/8 の人でも、自我率が 5/6 の人でも、
同じように地道な復元が、必要だということです。
これ以外に、私が提示できる方法は、最早ありません。
それをするかしないかは、あなたが、
ご自分をどうにかしたいと本気で思うか、思えないか、という事によるのみですので、
そればかりは、私にはお手伝い出来ません。

■ところで、結果に対して、最も愕然としているのは、他ならぬ、この私です。
一言に言いますと、「この世の地獄絵」を毎日、見ている感覚です。
それは、皆さんの自我の分割率を見て、「あー、この人はこうだったんだ」などと、
そんなふうに、冷静に見ていられるものでは全くなく、
私の中では、ある種の悲壮感を伴っています。

もしも、私が「地獄絵を描け」といわれたら、今ならば描けます。
仏教臭い、インチキな地獄絵ではなく、本物の地獄絵を、私は描くことが出来ます。
それは自我の分割率によって生ずる「地獄の階層図」です。
希釈自我の「各段階」で、人々がそれぞれ、どのような状態になり、
何に対して苦しむのかを、今の私でしたらば、的確に、
しかも「絵空事や御伽噺の地獄絵」としてではなく、

現実の構造図として、描写することが出来ると思います。

■私は、ずっと以前に、分割自我の問題について、初期に語っていたころには、
地上の世界は、今の日本であれば、1/2自我の人たちが主導権を持ち、
多くの1/4自我の人たちがそれに従って社会の基本部分を作っている、
しかし、どんどんと、自覚性が希釈されて、
意識のぼーっとした生命感のない1/8自我が増産されて、
困ったことになっている、ぐらいにしか考えていませんでした。

■しかし、日々、皆さんからの判定依頼を受けて作業を進めるうちに、
事実は、もっと悲惨であることを痛感させられました。
ボトムラインは、1/8以下の自我も、沢山ありますし、
1/2自我を超えている人ですら、とても少ないのです。
ただし「梅の間掲示板」の読者の人が、日本の平均的自我率のデータとはなりません。
日本の平均的自我率のデータは、「梅の間掲示板」では収集できず、
それこそ精神世界とは関係のない、一般的な社会にいる、著名人、タレント、
普通の人、犯罪者など、多層のサンプルを、100人以上、私が判定してデータを
取らないと分からないからです。

■さて、分割自我となった、そもそもの責任の大半は、
人間の側にあるのではないのですが、
それは逆に言うと、そこには救いが全くありません。
何しろ、「自我復元法」以外の方法では、自分では、生まれつき、その容量と電圧と
劣化した主体性を、どうにも出来ないのですから。

もしも、すべての物事が、自己責任でしたら、
何が起きても、すべては、皆さん自身が悪い、という単純な公式で、
片付けられますが、この「希釈自我」の問題は、そうではありません。

■さて、ここ数日、判定依頼がようやく落ち着いたので、
私の方では、データのまとめや、分析を行なっています。
それ以外にも、調べなければならないことが山ほどあります。
たとえば、それは、復元作業中に皆さんが陥る眠気を、

どうやって解決するかということや、
自我率が低い人は、どうやって復元をしなければならないと、心底思えるのかとか、
幸いにも、自我率が高い人や、復元が先に進んだ人たちにおいては、
特にそこでは何に注意をすべきか、といった「難題」ばかりです。

■さて、現在、私が見た「地獄絵」の骨組みは、次のようなものです。
もしも、人間としての生命を「船による航行」に喩えますと、

●1/8自我を含む、それ以下の自我の場合。

つまり、1/8自我、1/9自我、それ以下の場合、
それは、あなたという船が「沈没しかけている」と思ってください。
考える間もなく、急いで、自我復元をしないと、どうにもならない状況です。

●1/4自我未満、つまり1/5自我以下、1/7自我以上の場合。

この場合は、あなたという船に「浸水してきている」と思ってください。
放置せずに、急いで、水を外に汲み出さないと、やがて船は傾きます。

●1/2自我を含む、1/2自我以下、1/4自我以上の場合。

この場合には、船に穴は空いていませんが、
「オール」が、ありません。
何もしなければ、あなたという船は、目的地もなく、
波の上に浮かんで、ただ漂流しているだけです。

●1/2ではなく、そこを超えた地点から、

ようやくあなたという「船」は、目的地を定めて、航行することが出来ます。
しかしそれでも、3/4自我あたりまでは、「オール」で漕いでいる状態です。
風を利用する「帆」を持たない状態が、まだ続きます。

●3/4自我を超えた地点では、

「帆」を手にいれて、オールよりも強い推進力を得ますが、
あなたは、まだ「舵」を持ちません。

●また、7/8自我まで自我が復元した場合、

たとえ「舵」を持っても、
なおも「航路の選択」でミスをする可能性も出てくるということです。

●ですから、結局のところ、全自我に戻らないかぎりは、
それが、たとえ、進路をコントロールできる「舵」を手にいれ、
85%を超えた、6/7自我あたりであってさえも、
いつ何時にでも、しかも、「今が最も肝心な時だ」という時に、
突然の波風や、暗礁に乗り上げる事故によって、
転覆してしまう危険性を、まだ持っています。

●復元作業による場合、自我率は増えるのみで、
自我が前に戻ることはありませんので、
穴が空いていた船は、復元によって、船底の穴がなくなり、
帆やオールを持たなかった船は、推進力を得ることは間違いないのですが、
ただし、そこから先は、どれだけ正常になった船であっても、
「全自我という陸地」にあなたが戻るまでは、
「海流の読み違い」「風の読み違い」「海底地形の読み違い」「操縦ミス」等によって、
転覆や座礁する恐れが残ります。

■どの希釈率の地点からも、復元は可能であり、
また、なんとしてでも、復元しなければ意味がありません。
しかし、そのような、美味しい話ばかりを、私がしないのも、
皆さんはご存知のはずです。私は可能な限り「事実」を言いますので、
自我復元が厳しくなる段階があることをきちんと説明しています。
ですから、
「どうせ、日本人が平均的に1/5自我あたりだから　自分はそんな悪くない」とか、

「ああ、1/10自我の人もいるんだから、自分はそこまで低くないから、大丈夫だ」
などと、そんな「救いようのない安心の妄想」など決してしないで下さい。

■あなたの自我という船は、生まれたその時から、

既に「沈没」しかけていたり、
既に、穴が空いて「浸水」していたり、
「オール」を持たない船であったり、
「帆」を持たない船であったり、
「舵」を持たない船であったりしたのですから、

それが人生にどのような不具合を生じてきたのかは、
復元が進むごとに、自覚できるはずです。

●このように、希釈自我の海で迷っている「船」という喩えを使うと、
皆さんは他人事みたいに、何も感じないほど、
感性が鈍感になってしまっているのかもしれませんが、
まさに、今、沈没しかけている人や、まさに今、浸水が進んでいる人たちが、
沢山いるのです。

●それは客観的に見れば、本当に「悲惨な状態」であり、
本来、一番最初に設計された時の人間（という船）には、
絶対にあってはならない状態でした。
しかし、せっかくの、この船の喩えが、
まだ、あなたにその「地獄絵」の「現実感」をもたらさないのであれば、
生まれたときから、
手足がない、
目がない、
耳がない、
頭が半分ない、
特定の内臓がない、
そうした無数の人々が、血を流しながら、地を、はいずり回りながら、
それでも、死ねず、生きられもせずに、うごめいている、

という地獄絵を思い描いてください。
ごく一部の人が立って歩いていたとしても、
その人たちには片足がなく、また片手がない。
「こんな状態」を、「当たり前だと思うようになってしまった事自体」が、
異常すぎる世界です。

【自我率が高くても油断できない】

●ところで、自我が分割または希釈された時の最大の不幸は、
たとえ、それが3/4自我を超えた地点にあっても、
その限界内に留まる限りは、絶対に、特定の状況、
特に、「他人の意見や、他人の身勝手な意志」に対して、
「妥協」をしてしまうことです。

特に、彼らは、「自分よりも低い自我率の者」からの要望に対して、
妥協をしてしまうという弱点を持っています。
あるいは、自分よりも自我率の高い相手であるという「勘違い」を
してしまった場合にも、相手の意志を尊重してしまいます。

この時、ほとんどの場合に、相手の自我率を頭と曖昧な思考で推測してしまい、
過大評価をして、誤認しています。
数例ですが、私は、この「誤認をしている人」の例を見ました。
そもそも、自我率は、思考や勘や経験則では、判断などできません。
ちょっとばかり、「妥協することなく、しっかりしてそうだ」、と思えても、
それは実際の自我率とは「別問題」です。
さて、この、「他者の要望」への「妥協」は、
「5/8自我」から、「9/10自我」あたりの自我率の人たちの中にさえも、
必ず観察される、最も危険なウィークポイントの一つでした。
しかも、それは、その人たちの、
その後の人生の軌道を大きく曲げてしまう結果となり得る、
という「危険性において」は、それ以下の希釈率の人と全く同じです。

しかし多くの場合に、5/8自我率以上の人というのは、この世界では、たまたま、

なんとか幸せに生きてこられたという、「甘い自負」があるために、
あたかも「自分は自分で、他人とは違うし、影響もされない」と油断し、
自分を過大評価しているケースが、圧倒的に多いのです。

ところが、そういう人に限って、毎回、全く同じパターンを踏んでしまい、
十年以上も「ある特定の状況」「ある特定の対象や他人」になると、
他人の要望に妥協をする、ということを、ずっと十年以上も繰り返している状態が、
たびたび観察されました。

●さて、分割自我理論というのは、この世界に蔓延している、あらゆる種類の、
「心の成長を説くビジネス」や「心の病の修復」を根底から疑っています。
そもそも、そのような病理があるというスタート地点からして、
「異常な事態」であり、前提となる環境がそのような「異常な事態」の中にあるので
あれば、ごく普通に理想とするような成長すらも、あり得ないからであり、
また、そもそも、それらの方法論が理想とする「正常な状態の基準」は、
全自我の視点から見れば、その全てが、あまりにも「低い理想」しか描けていません。

●その点では、「自我復元法」が理想とするものであっても、
「理想そのもの」としては、それは「低い」ものです。
なにしろ、それは「欠損だらけで、ボロボロだった貴方の自我」を、
単に元の形に修復するだけなのですから。
ただし、それによって、この世界にこの千年かそれ以上存在したような、
希釈自我の人間に固有の問題、というものは、
そのほとんど全部が、解決されてしまう可能性が大きいのです。

●**その点では、現在存在する問題については、**
自我復元で、精神医学的な問題から、ある意味では社会問題まで、
一切合財が、解決の糸口を発見できるはずなのですが、
残念ながらそれが社会的に認知されることは、今後も、決してありません。
つまり、全人類の1%（7千万人）が全自我に戻るなどという可能性は皆無です。

●従って、この方法は、ほんの一部の人たち以外には、ずっと隠されたままで、
今後も、それを活用できた人だけが自我を修復して、健康体の自我に戻るのみです。

●むろん、希釈自我には起因しない精神的な問題というものもあります。
しかし、それは、冒頭に言ったように、現在、地球上の人類に存在するような、
救いようのないほどの「生命感の劣化」と「無気力さ」と「混乱」を、
人間社会にもたらす事は決してありません。

●ところで、1/7自我または、1/5自我、
あるいは1/2自我あたりの人たちを観察していて分かることは、
以前に、この掲示板でも書きました、その自我率における、トップとボトムの
「往復振動」です。
たとえば、薬物依存している人の場合であっても、
むろん、自我率は、生まれてから死ぬまで不動ですから、
自我率そのものが、薬によって劣化することはありませんが、
ただし、その人は、その生まれつきの自我率の、
「最底辺のボトムライン」に、常に「ずっと縛られる」ことになります。

●たとえば、1/7自我といっても、1/7自我がトップの振幅状態にある
時には、1/7自我として出来る最大の努力というものがあります。
従って、1/7自我には、もしもそれがピーク地点にあれば、
それなりの「長所のようなもの」があります。
実は、人間が俗に言う、自分や他人の欠点と長所というものは、それぞれの自我率
（分割率）の中で、その人がトップに振れているときを強いて言うならば、長所と呼び、
ボトムに落ちているときに起きる状態を、強いて言うならば欠点、
というふうに定義できるかもしれないと、最近感じられるようになりました。
（これが正しい見解なのかどうかは、まだ不明ですが）

●つまり、希釈自我の状態である限りは、
精神医学、あるいは瞑想が「なんとか出来るであろう事の限界」は、
せいぜい、その自我率の範囲内でのアップダウンのみであるということです。

●一方で、自我復元は、立脚点そのものが、底上げされてしまいますが、
その変化率は、瞑想ごっこで「ハイとローを延々と繰り返しているだけ」の、
「気安め」とは、全く「比較」になりません。

●そういうわけで、精神的な病理を持った人というのは、自我復元では、
スタート地点での「起動の良し悪し」には、少しハンデはあります。
もしも、いったん、復元が本当にスタートを切った場合には、
既存する精神医学が、唖然とするほどの、「正常な自我反応」を出来るまでの回復を
しますので、自我率が低い人は、自我率が高い人と同じぐらいに、
このプロジェクトの成功例のサンプルとしては、非常に貴重なものとなります。

ただし、一点、条件があります。
それは、自我復元の作業と平行して、薬を減らしてゆき、
最後に完全に止めないかぎりは、その復元は「極めて効率の悪いもの」になり、
場合によっては、全く復元されないこともあります。

仮に、もしも万一ですが、1/2自我近辺の人が、薬物、特に治療用の薬ではなく、
麻薬（覚せい剤）の類に手を出したり、アルコール依存症になった場合には、
それは目も当てられないような、実質的には「1/8自我」にも似たような、
慢性的に「稚拙な精神状態」になってしまいます。
たとえば主婦とかでもキッチンドランカーになっている人も見かけます。
また、薬物依存やアルコール依存のケースでは、
その「後遺症」をかなりの年数、その後になっても引きずっています。
そうした事例を、既に、私は自我判定の中で、いくつか見ました。

●それらは、何も、今更、くどくど説明する余地すらもないものです。
あなたが、街中で、酒で、ぐでんぐでんになっている酔っ払いを見たら、
その人が、昼間どんな仕事をして、どんなパパやママをやっているにしても、
「目も当てられないような者」に、なり下がっているわけですから。

●一方で、向精神薬等を使用していない人の場合には、現時点でも、
「先天性の体質や、長く続いていた持病に似た症状」までもが、
自我復元によって、変化をした事例の主観的な報告が、いくつかあるのですが、
薬物の影響下にあると、そうした「医療補助的」な効果も発揮してくれない可能性
が大です。

希釈自我が引き起こした
最大の地獄絵図

その地獄絵図の一つが、「人間関係」におけるトラブルです。
つまり「希釈率の違う人間同士は、相手の状態を決して理解できない」
という原則があります。
確かに、「ある区分された、群れ」あるいは「希釈率のエリア」はあるのですが、
一例としてですが、1/8自我は、1/7自我を理解できません。
パーセントにしたら、たったの約2パーセントですが、
それでも理解力や認識の誤差が起きます。
これは以前に説明したように「音程」というものは、これぐらいズレたらば、
それはもう「ユニゾン」にならないのです。確実に「不協和音」になります。
これが原因となって、世の中には沢山の希釈率がありますので、
人間は「お互いに決して理解できない」という状況が生じました。

■地球の人類が、まだ全員とも「全自我」であった過去の時代では、
この不協和音は、生じませんでした。なにしろ、全員が、1/1自我でしたから。
たとえ、どれだけ意見対立が起きようが、利害関係を上手く調停して、
お互いに、相手には関わらないように出来ました。
また、仮に争いになっても、それはお互いに、人間経験としても、
不毛なものではありませんでした。

■しかし、異なる希釈自我同士が引き起こす対立は、地獄そのものです。
だからこそ、夫婦間でも、家族間でも、何一つも理解が出来ず、
結果として、離婚となったり、家族崩壊をします。
稀に存在する、オシドリ夫婦のような関係というのは、
何も自我率が高いわけではなく、たまたま、その夫婦の「希釈率が一致していた」、
ということがたまにあります。
ですから、「ゾンビ夫婦」とか「二人とも揃ってゾンビなカップル」
というパターンも、たまにですがいます。

■しかし、確率的には、ほとんどの場合には、
異性間、夫婦間、兄弟姉妹の間、家族間という、物理的に最も親密な関係の中でさえ、
異なる自我の希釈率を持つことによって、
葛藤、対立、憎悪、依存などの関係が必ず起きます。
それによって、ますます、人間という作物から複雑化した、

「二次的な苦痛」をも収穫できる事となりました。

■しかし、実は、自我を分割した側の管理者は、
何もそこまで計算して行なったわけではなく、
単に、自我を分割して「空き部屋」を作り、単に、「自我と意識と記憶＝つまり主体」
を希釈して、乗り物の量を「水増ししただけ」です。
しかし、管理者すらも、「思いもよらなかった収穫物」が、
この、人間同士が、「相手を決して理解できないこと」による
「心理的苦痛」というものでした。
これは、管理者すらも、予測外のもので、
たまたま人間たちから「搾り取れた」副産物の「原料感情」でした。

■昭和の初期ごろまでは、「良いか悪いか別」としても、
日本人同士は、ある程度は、「最低ラインの理解」ぐらいは共有していました。
ところが、戦後、そしてここ最近30年の変貌を見てください。
よく、犯罪報道で耳にする「全く理解できない犯人の心理状態」
というものは、ここ数十年で、多く耳にするようになったものです。
それが極度に希釈された人間と、そうでない人間との間に生ずる、
認識の誤差のなんたるかです。
また、学級崩壊や、子供が極端に動物ように群れて、
同級生が死に至るまでのイジメをする、こんなものは、
ある程度の普通レベルの自我率を持つ人間には、到底理解できません。
また逆に、自我率が低すぎる層にとっては、
自我率の高い人間の言っていることは、何ひとつも理解できず、
常に、都合よく曲解し、歪曲するだけです。
こうしたことが、社会の最も主要な単位となる、
「家庭内」でまず最初に起きてしまうのですから、まさにここは「地獄」です。

■とはいえ、私の推定ですが、約1000年ほど前までは、
既に、自我の希釈はあったにしても、
まだ、今のような細分化した希釈自我は増えておらず、
その結果、当時存在した争いや対立の多くは、たとえば、
1/2自我の集団、対、1/4自我の集団といった単位でのものだったかもしれない、

と私は思っています。
あるいは昔、よく起きた対立は、2分割系と、3分割系の対立です。
たとえば、1/3自我と人たちと、1/2自我の人たちのグループ間の大きな対立です。

■しかし、それが今では、例えばですが、1/10自我と1/11自我の間という、
ほとんど、同じような希釈率の人間同士ですら、理解が成立しないとなれば、
もはや、この世界は、人間同士が、細かく細分化した希釈率によって、
「お互いに、ほとんど誤解しか出来ない」、という意味での、
「生き地獄」そのものと化したのです。

■ここでひとつ、「自我復元」をしている皆さんが、注意しなければならないのは、
あなたの自我が復元されるに従って、
どんどんと「周囲との関係が変化し続けてゆく」ということです。
それは、復元をしなければ、今までは生じない現象でした。
しかし、復元を続ければ、それは全自我に戻るまで、続きます。
従って、家族間でも、カップル間でも、

復元を始めた「あなた一人だけ」は、その群れからズレはじめますので、
今まで希釈率の関係で起きていた人間関係が壊れては、
別の希釈率の人たちとの関係が生まれ、そしてまたその希釈率から移動すると、
また新しく、次の希釈率で関係を持ちやすい人と出会う、ということが起きます。

このために、まだ未婚の人が、梅の間の読者の人にいたとしたら、
結局のところ、「全自我」に戻るまでは、結婚相手を決めないことです。
なぜならば、今後、もしも、ちょっとでも自我率が改善されて変化したら、
音程がズレて、その相手とは不協和音になります。そうなれば、
あなたとの対立や、お互いに理解不能な状態が必ず起きます。
カップルや、あるいは知人同士、または家族同士が、揃って、
仲良く「自我を復元してゆき」、しかも、
その「復元率の足並みが、全く同一に上がってゆく」、などという、
そんな奇跡のような事は、絶対にないと思ってください。

あなたの次の生に待ちうける地獄

■皆さんは、私がこれまでに、他の掲示板に書いたことや、
竹の間や、この、梅の間に書いてきたことを、
「常識的で、平均的な社会」で、人々が横並びに言ってきた事と比較しては、
「あれは、厳しすぎる」「崩残さんは言いすぎだ」などと、
思っていたかもしれません。

しかし、「普通のまともな神経」をしていたら、
私でなくても、「全自我の人たち」であれば、
こんな現在の社会状況や、のうのうと、偽善的なだけで、何の役にも立たない、
「ポジティヴ思考」やら、「ハートを開くだの」「愛ごっこやら、瞑想ごっこ」や
「セラピーやワーク」や、「あるがままが良い宗教」「宗教」を押し売りしている
精神世界を見て、こんなものを、マトモなものだなどと、思うわけがありません。

●もしも、今日まで、そんなものを「普通だと思っていた」としたら、
あなたは、この地獄を「普通だと思っている」ほどに、
劣化してしまったということを、決して忘れないで下さい。

私が、この20年間、言ってきたことなど、どこも厳しくもなく、
私が精神世界を批判してきたことなど、どこも厳しくもなく、
そんなことは、人間として「当たり前」の世界の見え方だったのですから。

ですから、皆さんは、自我が復元されるにつれて、
かつて理解できなかった、竹の間や、梅の間の内容が、
「当たり前のこと」として理解されるようになるはずです。
そして、事実、自我復元が進行している人たちの中には、
無明庵が何を言ってきたのかを、サイトを見始めて、
10年近くも経過してから、やっと今になって、理解できた人も沢山いるのです。

ですから、どんな希釈率の人であっても、決して諦めずに、
希釈自我を全自我に復元して、
この地獄のような希釈自我という「血の海」を脱出して、
全自我という「陸地」に到達してください。

■もしも、それをしなければ、もしも、全自我に戻らなければ、
次にあなたが選択する自我は、かならず現在の自我よりも、
低いものになる可能性が高いのです。

特に1/2自我以下の人たちは、自主性を持つ意識を保てませんので、
次回の生では、必ずといっていいほど、現在よりも薄い自我を、選んでしまいます。
1/4自我未満の人たちは、ほぼ100％、次回の生は、
現在の生よりも、劣化した自我を選んでしまいます。
たとえ、分割自我のことを知識として知っていても、そんなことは全く無駄です。

あなたは、自分の甘い選択に、疑問も持たず、何も抵抗できません。
死んだら、ここで知った知識など、吹っ飛んでしまいますから。
ちょうど、それは眠ったら、起きている時の明確な感覚など、
すっかり忘れてしまうのと同じです。

●ですから、あなたが死んだあとの、「次の生」を、
「現在の人生の半分以下の内容」になるような、そんな酷いものにしたくなかったら、
今、生きている、この間に、自我を原型に復元してください。

心理学における自我の概念との違い

●心理学で「自我」という概念を扱う場合には、
「自我の成長、自我が傷つく」、などといった言い方がされますが、
「分割自我理論」では、「自我率」には変化は全くないとしています。
むろん、ごくごく一般的に言われるところの「自我の発達」が、
幼児から小学校高学年までの間に起きるのは事実ですが、
これは、いわば、身体が成長するのと同じような、ただの自然現象です。
つまり厳密には、自我それ自体が、
「自分の意志によって、大幅な成長や拡張をする」ということはあり得ず、
変動できるのは、唯一、その自我の内部で起きる「圧力」のみです。

ただしその圧力は、「自我壁」がリミッターとなりますので、
限界はそれぞれに定められており、しかもそれは一つの生の間は
(自我復元法以外では) 変えることは出来ず、一生同じままです。

●心理学では、自我を大切にしようとしますが、
その点では、「自我復元」でも、自我を、とても大切にしようとします。
「自我意識があると不幸になる」、などというのは、
悟りの側に極端に立脚した場合の、一方的な見解であって、
さらに厳密に言うならば、これは、言い方を間違えています。
正しくは、「全自我で経験する不幸には価値があるが、
希釈自我が経験する不幸には、価値すらない」ということであり、
さらには、
「全自我だけが、ちゃんとした不幸を経験できるが、
希釈自我は、それが経験する不幸すらも、いびつで、
経験する価値のない(経験する必要すらなかった)不毛なものになっている」
ということです。

今となっては、
この地球での人間が経験するほとんどの問題は、
「自我それ自体」に起因するものは、ごく僅かであり、多くは、
自我が不完全な形に分割された事に起因する、と言わざるを得ません。

●また、全自我の状態で、本物の不幸を経験できるのであれば、

それこそ、悟りへの扉にもなり得ますが、何度も私が言ったように、それを、
「この惑星で、貴方が自分や他者に無理強い」する意味は、全くありません。
ここで40年かけて、瞑想してもどうにもならないものも、
全自我状態で、「契約内容を変更」するだけで、
短期間のリハビリを受ければ、少なくとも小悟ぐらいには、
多くの人たちは、復帰できるからです。
というのも、最低限、小悟ぐらいの状態でないと、地球以外の世界に、
ある程度自由に接点や交流を持つことは出来ませんから。
全自我に戻った場合には、ここで人間として経験した全自我とは容量が異なる
「別の原型自我」に、移動することも可能ですから。
この点については、悟りの諸問題とからめて、「分割自我復元」のDVDの中でも、
語ったと思います。つまり、外宇宙では、別の形の「全自我の器」や、
知覚の「枠」を選べるという事です。

●さて、「自我復元法」というのは、
瞑想という、偏見と誤解と、妄想に満ちた世界に対してだけではなく、
既存する、心理療法、精神医学の限界にも挑戦しようとしており、
既存の治療法を根底から変えてしまおうとする計画も、その視野に入れています。

●というのも、もしも、人間が「全自我」であると仮定した場合には、
実際には、そこで起きてくる問題や困難は、問題と呼べるものにはなり得ず、
全てが、単なる「困難」な「挑戦」、または、それこそ「無駄のない経験」となり、
傷やら、後悔など、ひとつも残りません。
その点で、現代の精神医療は、正常な自我ではなく、事の最初から
「奇形的な自我」を扱っているということに気づかない点に盲点があります。

●現代の精神医療が対峙している、精神異常、またはその病理の発症の、
その性質は、私に言わせれば、そもそもが、正常な自我に起因するものではなく、
病的で欠損を持つ希釈自我によって生み出されているものばかりです。

●そこで、精神医学が、それを本人の生育過程または遺伝的要素、
あるいは脳外科的、脳神経学的な原因に理由を求めるのに対して、
分割自我理論では、外科的な原因以外の、心理的要因については、たとえ、

どれだけの時間と分析をしても、トラウマなどの「理由」は分かったとしても、
本人がそれを克服できる可能性は、ほとんどないと結論しました。

●トラウマに関しては、外部のカウンセラーが、
その患者においてそれが起きた仕組みを、他者からの見解として、
どれほど見事に解明したとしても、相談者が低い自我率では、
それによってトラウマが、解消されることはありません。
実は、仮に、もしも1/2自我以上の自我であれば、
トラウマの原因となった因子を本人が認識したその瞬間に、
そのトラウマは、ほとんど消えたも同じ、という現象が起きます。
つまり本当の意味での「気づき」とは、気づいたその瞬間に解決してしまう、
というぐらいの効力を本来は、持っています。

ただし、これも皆、自我率が低くすぎては、全く効力を持ちません。
自我率が低い人の場合には、頭では原因が分かった気になっても、
翌日から何ひとつ変わるわけではありません。

●ただし、現在の、それぞれの自我率でも、そこで最低限解決できるような
心理的問題はありますので、皆さんは、最低限度の努力をする必要はあります。
この梅の間、あるいはかつての竹の間の読者の皆さんは、
沢山のそうした、家族におけるAC問題、トラウマ、依存症の問題について、
自己分析に役立つような投稿を、充分過ぎるほど見てきたでしょうから、
「最低限は、自己分析と、自分に出来る範囲の修正」をされてきた、
という前提で、私はこれを書いています。

従って、そういう最低限の自己分析すらもしてこなかったとなれば、
「自己分析」が持つ、「ある程度までの有効性」と同時に、
「その限界」を、きちんと見極めていないのです。
そういう類の人が、いまさら、自分に対する責任を投げ出して、
自我復元に頼ったところで、そもそも、そういう人には、
「切羽詰ったモチベーション」がないので、自我復元も出来ないでしょう。

●さて、希釈自我を選択して、それに生まれた以上は、復元法を用なければ、

決して、その自我率を生きている間には変えることは出来ませんから、
その自我の中でどれだけ奮闘したとしても、
それは、各自我率が持つ「性質・特性」を超えることは出来ません。
**そして、私が見たところによれば、現代に起きているような精神的なトラブルで、
自我の希釈に起因しないような精神疾患は、「ほとんど」皆無です。**
であれば原因が、自我の希釈にあるのであれば、
そこを自我復元法によって変える以外には、修復する方法はあり得ません。

●私の見解では、
重篤な症例に対しては、精神医学は、「敗北した」と認識しています。
また、それを解決できるような顔をして、
横から割り込んだ、瞑想やら、霊的うんたらと称するものも、
すべて、この人間の精神的病理に関して言えば、敗北し続けたと言えます。
それは、まるで、「喩えるならばの話ですが」、
正食医学による治療を自負していた、食事療法が、とうとうそれでは直らずに、
挙句に、それまでの研究を投げ出して「このサプリと薬を飲んでいてください」と、
それまでの持論を放棄したようなものです。

つまり、その場しのぎの、向精神薬の乱用以外には、
彼らが「医療ビジネスを維持できる方法」がなくなったわけです。
(昔ならば、根気よくカウンセラーが困難な治療に立ち向かっていたのですが。)
しかし、それを放棄さぜるを得なかったとしても、それは、分割された自我という
概念そのものがなかったのですから、いたしかたありません。

今、必要なのは「瞑想」ではありません。今、皆さんに必要なのは、「真我」や「大我」や「超自我」や「無我」ではなく、『全自我』に戻る為の「自我復元作業」です。

一人の人間が、自分一人と、自分の身近な周囲の問題を解決するのに、
「瞑想」などという、それこそ、ほとんどの人にとっては、
自己暗示の域を出ない行為は、一切、必要ありません。
宗教や、占い師や、カウンセラーや、セラピーやワークなど不要です。
また、心理学的なカウンセリングも、ほぼ効果なしと思ってください。

仮に占いをしてもらったりする場合にでさえ、
過去の体系であなたが正しく判断される為には、
あなたの側が、全自我である必要があります。
さらには、もしもあなたが、他人様に、そうしたことをする立場であるならば、
なおさら、まずは全自我でなければなりません。

■そういう問題を横にどけても、
そもそも、あなた一人の思考、感情、記憶、意識の問題というのは、
元々そうであったような、全自我の状態であれば、
あなたは、自分ひとりだけで、自分の問題は解決できるのですから。

また、自我復元に関しては、私を信じる必要など微塵もありません。
ここで、重要なのは、私への信頼ではなく、
「この方法」そのものを信じるかどうかのみです。

また、「自我復元法」や「分割自我論」について、
それを、精神世界でのステータスだなどと断じて考えるべからずです。

これは、あなたがご自分の虚栄心を刺激するために行なうのでもなく、
あなたの寂しさの穴埋めの為にやっているものでもなく、
「あなたの意志によって、あなた自身を助け出す為」 にやることなのですから。

ですから、他人と、ご自分が経験した情報を共有する必要や、
瞑想や精神世界の話題について、あーだこうだと、論じている暇など、
皆さんには、微塵もありません。

計算上では、(個人差はありますが)数年あれば、梅の間の全員が、
今までに、経験したことのない、正常な自我というものを生きるでしょう。
そして、正常な自我としての、圧縮経験を生きられる、
めったにないチャンスが、この「地球」という惑星です。

「自我を満喫する為の惑星」であるのに、そんなこともわからずに、
「悟りだの、覚醒だの、気づきだの、あるがままだの」、

そんな文言ばかりに踊らされて、駄目だと感じた自分をなんとかしようとして、
瞑想をしたり、宗教団体に入ったりしては、
人生の時間と、無数の大切なチャンスと、あなたに本当に必要だった、
いろいろな出会いと、経験すべきだった事を、それらを、あなたは、
次から次へと、「棒に振ってしまっていた」のですから、
この数年間で、そのすべてを、あなた自身の手で、取り戻してください。

●瞑想などというものに、エゴを、どっぷりと自己同化してしまい、
「瞑想は大切だ」という、そんな「エゴが作り出した価値観」に、
意固地になって、いつまでも、未練がましく、しがみ付いている暇があったら、
勇気と、決断力と、真の探求心のある人たちは、
おそらく、この数年間か、せいぜいこの10年間を除いては、
二度と再び地球に現れることはなく、ネットの記録にも残らないかもしれない、
「自我復元メソッド」を活用してください。

●悟りなどというものは、この地球での「ちゃんとした原型自我になる」という、
他では経験できない「貴重な経験」を、ちゃんと経て、
貴方が、元の宇宙の住処へ、きちんと帰った、その後になってから、
存分に好きなだけ、その軽くなった意識を満喫すればいいことですし、
全自我の状態で、ここでの死を迎えられれば、必ずそのように出来ます。
ですから、悟りだの覚醒だのはこの過酷な惑星で、
無理をしてまで、すべきことではありません。

**●人間としてすら、マトモでもない人が、瞑想などしたり、
それを他人に教えたりして、この世界の中で、
ただでさえ充分に苦しんでいる人々の混乱を、
「これ以上さらに酷くするようなこと」を、もう二度としないで下さい。**

●無明庵は、1997年にインターネットの世界に参入しましたが、
首尾一環して、「悟りは、この上もなく、困難な道である」と言い、
「この上もない、苦と向き合う事になる」という事を言い続けてきました。
それは約12年間、ずっと変わらないことです。
また、それはたとえ「全自我の人」にとってさえ、

極度に困難な道となる、ということを、今でも断言できます。

●一方、世間の精神世界（「精神世間」）では、
「なまけ者のさとりかた」といった「軽薄な本」が出たり、
その他、無数の悟りに関する書籍が、悟りを貶めてきたり、
「誰でも悟りに至れる」だの、「悟りを求めず、ただ座禅をすればいい」だの、
「今は悟れなくとも、この瞑想の先には、悟りがあるのだ」だのと、
言いたい放題の「嘘」ばかりを言い続けてきました。

●しかし、無明庵では、その初期のころから一環して、
この地球という惑星環境の中においては、
人が悟れないのは、「何かを生き切っていないからである」という事を、
ずっと、いろいろな人々の中に見てきましたし、
常に、その点を指摘し続けてきました。
どんな瞑想をやろうが、どんな優れた導師の指導を受けようが、
「何かを生き切っていなかった人」は、
いかに、他人からの借り物の、高尚に見える理屈や、理想論や、
精神世界の御託や、自らの瞑想経験を主張して並べ立てても、
ほとんどすべての人たちは、出発点にあるのは、現世での不満に過ぎません。
その結果、ごくごく足元の問題である、
「自活できない不安、恋愛の不満、夫婦問題の不満、家族問題、
　セックスの不満、劣等感の不安」その他に、どっぷりと足を取られていました。

そして、根底の「本音」の部分では、
それらの現実問題の「不安解消の方法」として「悟りを悪用できるかもしれない」、
というぐらいにしか考えていない人たちばかりでした。
それを無明庵では「精神世間（せいしんせけん）」と呼び続けたのです。

そして、その精神世間にいる人たちは、精神世界や宗教などに頭を突っ込む以前の、
まだ純朴だった、その人たちの少年少女の時よりも、
遥かに「狂った人たち」に、なってしまっていたのです。

●そのように、確かに、「何かを生き切っていない」事がその原因でした。

しかし、その「何か」を、「どうして生き切れないのか?」という原因は、
2008年までの12年もの間、分からないままでした。

●現在では、多くの人たちが「生き切っていなかった」その「何か」とは、
実際には、生命経験の基礎となるべき、「自我そのもの」であり、
精神世界では、ある時には、エゴであるかのように敵視すらされてきた自我であり、
**「なぜ生き切れなかったのか」という原因は、
自我が、勝手に分割された「希釈状態」に起因する事が分かりました。**

●ですから、今後も、この梅の間の読者の皆さんが目的とするのは、
断じて、悟りなどというものではなく、ここ「梅の間の読者の皆さん」だけは、
どんなに遅くとも、各自が「死ぬ前」までには、
自我を、本来、そうあるべきだった「原型」に復元して下さい。

【分割自我への観察】

●自我の分割率は、この仮説理論が想定された当初は、
単純に刃物で分割するような、割り方であると思われていたものが、
実際に、自我判定を行うと、1%という単位に及ぶバリエーションが存在することが
主観的な観察から経験された。
9%、23%、54%といった、整数分数で割り切れない希釈率を見たために、
どうやら、自我の分割は、非常に荒っぽい作業で、ランダムに行なわれている
形跡があるようだ。
それこそ、ランダムにハンマーで割っているか、あるいは、ふるいにかけている
というぐらいに、乱雑なのである。

●なお、自我が死後に、本人の意志によって、
他の自我と結合してその希釈率を増加したり、あるいは逆に、本人の意志によって、
自我を意図的に希釈していると思わしき事例も、一切存在しなかった。
つまり、死後は、「人間の意志」によっては、
「自他の自我率を操作すること」は、一切不可能であるということである。
**すなわち、自己の自我を個人が「自我復元法」によって増幅できるのは、
唯一、「まだ生きているこちら側にいる場合だけ」である。**

●また死が確実な臨死体験に入った段階から、その者が経験した記憶や感情とともに自我は、管理者の作ったプラントのシステムによって、ゆっくりと管理者側のコントロール下への移動が始まっているらしき事が観察された。
(これが回収率向上の困難さにも関係している可能性がある)

●現時点では、自我を修復できる方法は、自我復元法以外には存在しない。

●幾度か、自我を希釈分割するということをしている、
その張本人のシステムの調査を試みたが、
物理的な位置ではないという前提で言うならば、
そのシステムは、地球の衛星軌道上の、特定の座標に固定されて、存在している
「ように」見受けられた。

構造的にはスマートな幾何学形状をしておらず、
建築部品を、継ぎ足し継ぎ足しをして出来た、
あまり造形センスのない宇宙ステーション「のように解釈されて見える」場合がある。
しかし、それに対してのアクセスや侵入や、プラントの削除や変更などは、
現時点では、人間の知性や意識によっては不可能。

●なお、自我判定法は、今もなお、技術的にも難しく、分析も難しく、
またその判定結果を、100%保証する事も困難である。
ただし、自我復元法は、正しく機能した場合には、100%その効果を保障できる。
現在、最も復元がなされた事例は、全自我を100とした場合の92%までの復元率。
最も低い復元率は、ゼロ%（理由は不明）

●また、自我の復元は、時間とともに正比例して復元されるのではない。
復元は、自我率の低い状態からの復元は比較的早く進むが、
半分の1/2自我を超えたあたりから、
必要となる復元力のカーブ曲線が変わるようである。
これは風船が満杯になるプロセスで送り込むのに必要な空気の量や力に
喩えることが可能である。

●希釈自我の判定の事例中で、
今までに、目だって多く見受けられるのが1/6自我から1/5自我。
では、より低い希釈自我として生まれやすいような、あるいは逆に、
自我率の高い人が生まれやすいような、
そのような、生年月日（星座）や、血液型や、姓名があるかといえば、
そのようなものは、一切存在しない。
ただし、地球上の地域や国によっては、あきらかに希釈自我が生まれやすい
土地の傾向というのは存在しているように見受けられる。

●無明庵でのみ自我判定は行なわれているが、
「自我の判定」には、奇妙かつ、その原因が理解不可能な疲労を伴う。
他の一般的なリーディングにはあり得ないほどの疲労と体調異変が生ずる、
その原因については、現時点では、次のように推測している。

●「自我の壁」「自我という器」は、生存中に、他者のそれと、
干渉や関係や、流通が生じてはならない構造に作られているようである。

●生きている人間が既に死んだ者の過去の自我の状態、
または臨死体験中の者の自我を見ることは問題はなくとも、
**生きている人間が、生きている人間の自我を見たり干渉することには
問題が生ずるものとみられる。**

●従って、そのプロテクトされた「自我」という部品に意識を侵入させたり、
あるいは外部から自我の状態を観察しようとするだけで、
他のリーディング時には決して存在しないような、「強固な壁」に阻まれることが、
観察者に生ずる極度の疲労の原因ではないかと推測している。

●分割自我を復元するというプロジェクトに切り替えてからは、無明庵では、
特定の相談に対して、アドバイスをするということの無意味さを痛感した。

**そもそも、自我が復元された人がいたとしたら、その人の持つ問題については、
本人以上に助言できる者など、存在しなくなるからである。
（その時には、あなたには、占い師も霊能者もカウンセラーも不要である）**

また、現時点で仮に大きな問題を生活の中に持っていたとしても、
いちいち、それらの問題解決の為の「具体的な助言」をする意味も全くない。
本人が自分に対して行なう「自我復元」のみが、
本人の問題については、唯一の解決方法なのだから。

現在の問題点

■いくつかありますが、まず、

問題点1-

復元を延べ日数にして、かなりやっていると自己申告している人の中で、
まったく復元されていない人がいること。
原因は、復元作業を「していない」か、
あるいは、イメージ不足などによって復元作業そのものがされていない。
ただしこれは希釈率にあまり大きな関係はない。
例えば、1/7自我か1/6自我の人であっても、復元の結果を出していると
思わしき人も何人もいるからである。
また、一方で、5/6自我あたりであるのに、ほとんど全く復元できていない人もいる。
つまり、スタート地点の自我率にあまり関係なく、
出来ない人、または、説明した通りに「やっていない人」がいるようである。

問題点2-

復元作業中に起きる眠気。
これは、多かれ少なかれ、眠気を生ずるのはしかたない事である。
それは、自我復元がアクセスしようとしている世界が、
「どのような領域」なのであるかを、きちんと把握していれば、
それは、顕在意識とは完全にズレた領域なのであるから、
たまに眠気を伴うことがある理由は、簡単に理解できるはずである。
ただし、もしも、他の瞑想ごっこや、何かのイメージ法や、勝手に頭の中で、
何かを夢想する事は出来る人なのに、
(たとえば、エロい夢想はいくらでも出来るのに、
ちゃんとしたイメージとなると出来ないという変な人が)、出来ないという場合には、
イメージや雑念が、本人がコントロール出来ずに、
勝手に沸いてしまうことは頻繁にあるのに、
「自分から意識的にイメージする」という事自体が出来ない人とも思われる。
このケースで、復元法をやっている時に眠気を生じてしまう人の場合には、
復元は上手くいっていません。

問題点 3-

自我率を検出する時の、微妙なゆらぎ。
これは「判定をする側の私の問題」と改善課題なのであるが、
以前にも書いたように、判定時に、ターゲットの自我の外郭が、
振動しているために、判定にズレが起きる可能性がある。
これは今のところ、どうにも改善できませんし、
また、その振動の影響を、現在の私の「判定法」が受けているのか、
それとも、影響を受けていないのかすら、まだ分かりません。

この、判定時にターゲットの自我の外郭が振動、つまり揺れているために、
現時点で、もしも判定結果に誤差があるとなると、
その誤差は最大で約 5% 生ずる「可能性」があります。
(この最大誤差が、3% なのか 5% なのかは、まだ、はっきりとは分かりません)

私は常に、1% 単位での、厳密な自我率を割り出しているつもりですが、
もしも、自我の外郭の伸び縮み運動による誤差がある場合には、
約 5% ほど、判定結果にズレが起きる可能性があります。(あくまでも「可能性」です)

■したがって、もしも、私の判定結果に「ご不満のある方」、
つまり、「自分の自我率は、そんなに低いはずかない!」とか、
思っていらっしゃる方が、もしもいらっしゃるのでしたら (そのような方は、
いませんが)、もしも、「どうしてもそんな結果は、嫌だ!」と言うのでしたら、
「最大で 5% まで」を加算した自我率を、あなたの自我率として修正して構いません。
もっとも、この逆パターンの「謙虚な人」は、絶対にいないでしょうが。
(つまり「いや、私の自我は、そんなに高くないはずだ!」と言い張る人。)
ただし、何度も言いますが、私がこの約 5% の誤認をしているかどうかは
「分かりません」。

また、仮に 5% の誤差が生じたとしても、例えば、私が、
自我率 1/2 の人を、自我率 1/6 と誤認するとか、そういう事はありません。
希釈率の分数の「分母」が大きくなりますと、

分母の整数上では、1か2ほどの誤差がある「可能性」があるということです。
分かりやすくいいますと、自我率15%を、自我率20%と誤認する事が、
「あり得るかもしれない」、ということです。

もしも誤差があったと「仮定」した場合の「最大誤差の分かりやすい例」は、
1/5自我を1/4自我と誤認する、というケースです。(1/5=20%、1/4=25%)
さらに、たとえば、自我率が、低くなってゆくと、
1/9自我や、1/10自我や、1/11自我などは、ほとんど1%しか変わらないので、
誤差はあり得るということです。

たとえば、「一例」ですが、判定結果が、1/12自我（8.3%）だった人の場合、
「最大に」誤差を修正したければ、
2/15自我（13.3%）まで引き上げて良い「かも」しれないということです。
また、1/10自我と判定の出た人が、ご自身のことを、
「いや、私は、1/7自我ぐらいはあるはずだ！」と思いたければ、
お好きなように、そう思っても別にかまいません。

ただし、逆に言うと、もしも、私が判定した自我率が、
たまたま、その人の意識状態が、最も不活性で、低い時の自我率を、
判定時に検出した、と「仮定」すると、
原則的には、現在、皆さんに出した判定結果を「ボトムラインの基準」とした方が、
ご自身を、必要以上に、買いかぶらずに済む、とは思います。

■たとえ自我の外郭が振動していても、その「平均体積」を捉える、
という検出法は、昨年から今年の初めに、さんざんにやりましたので、
そうそう誤認することはないと、自分では思っています。
もしも、これを検証しようとすると、
一人の人間の自我判定を、数時間か、一日おきに、何度も何度も行なって、
もしも、その時の判定に、最大で5%の誤差が出る結果となった場合に、
それらの「平均値を割り出す」という方法になりますので、
いつか、もっと私に体力があるときに、試してみる予定です。

■しかし、もしも、それでも、なお誤差が出る場合には、

現在の「分割自我理論」を一部、訂正する必要が出てきます。

つまり、現在の私の分割自我理論では、2%ズレたらば、その人の理解力の変化や、
対外的な対人関係や、「金運」にすら差が生まれるといった具合に、
「自我率のエリア」が、厳密に「細かすぎる」ぐらいに分けられています。
しかし、これが、もしも一人の人間の自我体積が、
微妙5%もの伸縮をしているとなると、
(ただし、5%もの伸縮はしていないと私は観察していますが)、
ある希釈率の範囲で、「群れる人」、「理解できる物事の範囲」、
「自覚出来る範囲」、そして「関係を持つ事の出来る他人」といったもの、

つまり、【自我エリアの区画】は、もう少しだけ広い「幅」を持つ、
ということになってきます。

そうなると、自我判定の時に、
「あなたのMAXは、1/8自我で、MINは、1/10です」とか、
非常に面倒で複雑な判定をしなくてはならなくなってきます。
あくまでも、まだ仮説ですが。
これですから、ジャングルみたいな未知の分野というのは、
行く先々に、分からないことに、いちいちぶつかり、毎回、苦労します。

自我の外郭は伸縮している？

●いろいろと試して、考えているのですが、
やはり、振動していると見なすと、とても分かりやすい事がいくつかあります。
ただし、伸縮率が、何パーセントかはまだ分かりません。
例えば、一例にすぎませんが、
ある人の「最大自我率が、1/6自我」で、「最低自我率が1/8」だったとします。
もしこの人が女性だった場合、そして結婚した場合、
この女性が、最大自我率の時に選んだ、結婚相手であれば、
その女性は、結婚してから、それまでよりも良く変わるわけですが、
もしも、この女性が、最低自我率のときに選んだ相手であれば、
その女性は、結婚によって、相手に足をひっぱられて、人生が転落します。
これは立場が男女逆になっても同じです。

●つまり、よく世間では、結婚を機にして、好転するケースと悪化するケースが
ありますし、
また、結婚だけではなく、「就職、転職」、あるいは「重要な決定をするとき」に、
そこから、その人が、悪化するか、良好になるかという、二つのケースがあります。

一般的には、こうした、俗に言う「運気のリズム」というものは、
占い師などが、その読み取りを受け持っていて、
たとえば、ホロスコープや、各種の占術や、バイオリズムによって、
相談者にとっての「良い時期と悪い時期」を計算するようです。

しかし、「分割自我理論」では、その人の意識の状態によって、
自我の外郭の皮膜が「伸縮振動」をするために、
隣接する「前後の自我率の領域」を、その人が移動しており、その結果、
周囲との関係性や、その人の判断力が、ある範囲内で変化し続けている、
という仮説を立てています。

●むろん、人間の自我というものは、
各自にとっての「平均的な大きさ」(自我率) は、ほぼ決まっています。
ただし、その内部の「内圧の意識」が外界に抵抗して作り出す葛藤や反発力によって、
時には、ゆっくりとした周期か、
または速い周期で、「伸縮するように振動」している、とすると、

その伸縮振動を原因とするような、その人にとっての、ベストコンディションと、
ワーストコンディションというものが出てきます。
そして、自我が縮んだ時と、拡大した時の、
そのどちらの自我の状態で、「物事を選んだか」「判断したか」ということが、
その人の、その後を決定するとします。

●すると、その人の自我のボトムのライン、つまり最低自我率の時は、
その人が、「どういうトラブルに巻き込まれやすいか」の特性を持つ自我率の数値を
表します。

たとえば、抗うつ剤に手を出さなくても、自分を維持できるはずの1/6自我を持つ
はずの人が、ボトムにまでダウンして、最低自我率が1/7自我などに落ちたときには、
うっかり、薬に手を出してしまうということが起きるわけです。
一方で、最高自我率は、その人がどういう面でその人の長所や自主性を生かせるか、
ということを表す自我率の数値になります。

●このせいか、私は、時々、こんなことを皆さんを見ていて思いました。
「この人は、自我率は、1/7のはずなのに、
どうして、まるで1/8のようなことを言うのだろう。
この人は、自我率は、1/7だったが、
今は、少し冷静になっているようで、まるで1/6ぐらいに見える」

●つまり、自我率は、実際には、やはり、5%まではいかなくとも、
僅かに、数パーセント、上下運動をしつつ、その人の平均的な自我率というのがあ
ると思ったほうが、いろいろな現象に、整合性が見えてくるのです。
たとえば、どうして特定の自我率の人が、その人から、出てくる、判断力や、表現に、
自我率の分母がひとつ違うぐらいの差が、出ることがあるのか、
ということの根拠としてです。

●この自我率が、とても分かりにくいという現象は、
私が、皆さんの自我判定をやっていて、何度も今までに遭遇しました。
振幅が少なく、形が安定している人の場合には、
非常に、すんなりと、自我率が分かるケースも多くあるのですが、

「無自覚的に、ストレスや激しい葛藤を持つ人」の場合には、
揺れが大きく、自我の外郭が、とても不安定で、判定が難しいケースがあります。

●それで、私は、その揺れる自我の映像の中から、一瞬のシーンだけを写真を
撮るように、ある瞬間を切り取って、それを元にして判定をしていますので、
その人から切り取られたその瞬間が、「伸縮振動」をしている時の、
「どの瞬間のものか」ということは、私が選ぶことは困難なのです。
この、写真機のシャッターを切るように、私が、ある一瞬を切り取るせいで、
たとえば「23.8%」といった、「奇妙な端数の小数点以下の数字」が、
自我判定の時に出るのかもしれません。

●しかし、だからといって、もしも、正確な平均値を出すために、
一人あたり、10回とかの判定をして、
その平均値を割り出さないとならないのでしたら、
一人の自我判定にかかる時間は、現在の1時間弱から、
その約5倍から10倍の時間になってしまい、
とても現在の料金では出来なくなりますし、
もしも、そんな事になったら、私は自我判定自体をやめます。
とてもではないですが、たった一人の判定に
10回ものリーディングを繰り返すことは、体力的に不可能です。
時間にして、最低でも5時間以上は、かかってしまいますから。

●ですから、私がターゲットの人の自我の状態を、
「切り取って読み取った瞬間が、どの瞬間だったか？という差」によって、
せいぜい、3%ぐらいの誤差しかないのであれば、
たとえ、42.3%といった、「細かい端数」が自我率のパーセントに出ても、
今後も、あくまでも、現在の判定法を続けるつもりです。

自我判定の雑記

●自我判定というものに、どれだけの意味があるのか？
ということに関して、ここのところ、かなり私は考えました。
**たとえば、私が明日死んだ場合、誰もそれを行うことは出来ませんし、
そうした事態は常に想定しておく必要があります。
かといって、この作業は他には誰も出来ませんので、
インストラクターの養成や、あるいは自我の自己判定法も、存在しません。**

そのようなものがあれば、ありがたいことで、これほど困難な作業を
体を壊しながらやる必要がありませんので、どれだけ助かるか分かりませんが、
残念ながら、これだけは、私が他人に任せることは無理です。
判定する時の同調方法と、その後の分析方法が、あまりにも複雑すぎるからです。

●次に、皆さんは、今までの人生の中で、スポーツや学問であれば、
そこには、評価の点数をつける基準は明確にありましたが、
ことに「魂の進化度」やら、「成長度」なるものを、
いちいち他人になど聞かなくても、充分に今日まで生きてこられたはずです。
たとえば、瞑想のインストラクターが、あなたの意識や魂の
成長度を判定など、出来るわけもありませんし、彼らに出来るのは、
単なるインストラクターとしての資格の有無のみです。

●またよく、いろいろなカルト教団が、ステージがどうのこうのとか言っては、
あなたを勝手に教団内でランクづけしたり、
さらには「次のステージに行くにはお金や講義を受けることが必要だ」とか、
まるでサイエントロジーのような詐欺的な行為もよくあるようです。
しかし、それらは何もあなたの魂の成長度を計測しているわけではありません。
結局のところ、あなたの魂がどうであるか、などということは、
死んでみてから、あなたが知る以外には、方法はありません。
そんなことを誰か他人から聞いて、納得しているべきものではありません。

●その点では、私の行う自我判定も、同じように、
皆さんにとって何の役に立つのかと、私自身が自問することがよくあります。
強いて言いますと、それが皆さんが、自我復元を行う為の
「モチベーションや、励みになる」というメリットは確かにあると思います。

●ただし、判定結果については、そもそも分割自我という、
この全く新しい概念自体を、知的に納得したり、信じないかぎりは、
そもそも自我判定など、私に依頼をする意味がありません。
そしてその概念を、充分に理解して納得された皆さんにおいても、
私が判断した希釈率が、本当に正しいものなのかどうかについては、
確認のしようが全くありません。
私個人は、90%から95%の精度を持って判定をしているという自負がありますが、
ただし、5%ほどに、リーディングミスもあり得ることも明記しておきます。
ですから、自我判定というものは、
あくまでも、私と皆さんの信頼関係の上でしか成立しない、
一種の「妄想」なのかもしれません。

●ただし、何度も言いますように、復元作業によって皆さんが
実生活で得ている効果が、あまりにも明確であるために、
この方法と論理が間違っていなかったことを、私は日々実感しています。

また、一般的な、トンデモ系の世界、精神世界で、
皆さんに勝手なランクづけをする、カルトや、瞑想組織や、宗教と違う点は、
私（というより、この分割自我の概念）は、
自我が「正常値」に戻った地点をゴールとします。
それは、次から次へと、手の届かないゴールをあなたの鼻の先にニンジンとして
ぶら下げては、「まだ駄目だ、まだ魂は永久に、これからも成長するんだ」などと、
無責任な事を言っては、あなたからお金や時間をぼったくるような、
スピリチュアル系ビジネスとは全く違います。

それは「あなたの自我は、健康状態に戻りました」という、
明確なゴールを持ちますので、
そのあと、私があなたにアドバイスすることは何もありません。
全自我に戻ったあとは、存分に自由に、残った人生の時間を生きてください。

そうなったら、もうあなたは、今後二度と、占い師やら、霊能者やらに
何ひとつも聞かずとも、自分の問題ぐらいは解決できます。
もう二度と、私にすらも、何も助言を求める必要はなくなります。

あなたは、生まれて初めて、自立した自我を得たことになるのですから。

●その点では、私は以前には、皆さんに、随分と、酷な事を言っていたと思います。
（当時は、それが解決法として考えられる限界の認識でしたから、
しかたなかったのですが。）
たとえば、機能不全家族の一員になりたくなかったら、

1-親の言うことで、納得できないことは、断固として拒否しろ。
2-やりたくないことをするな、やりたいことだけをやれ。

と言いましたが、そもそも、そのようなことを、
自我の容量が希釈されて、意識電圧自体が低下している人たちに言っても、
それが、出来るはずがなかったのです。

●しかし、同じように、この世界にあるほとんどの瞑想体系や、カウンセリングや
精神世界は、希釈されている自我には、そもそも出来るはずのないことを
「やれ」と強いていることが、ほとんどです。
**だからこそ、私は、自我を原型に復元しないかぎり
何ひとつも、始まりもしないと断言しました。**

●自我を復元するという作業それ自体は、私に言わせれば、
人間が、元々当然であった「当たり前の状態」に戻るだけの話ですから、
そう大げさなことではありませんが、

**ただし、その大げさではないはずの「当たり前のこと」が、
これほどまでに、汚されてしまい、メチャクチャにされている現状では、
自我を復元するという作業そのものが、とんでもなく実験的で、
この数千年の混乱の中では、誰一人も行わなかった事も事実です。**

それだけに、私すらも、いろいろな面で手探りです。
これは、今までに私が扱ってきたような、
性の問題や、悟りの問題などの私が知りつくしている分野とは全く異なって、
私にとっても、ほとんど未知な領域、未開の地ですから、

先に進むには、常に読者の皆さんがこの実験に協力して下さる事が必要です。

●この自我復元という実験を皆さんと共同で開始してから、私の中には、ひとつ、
これまでの人生で感じたことのない、奇妙な「違和感」があります。
それが良い意味でか、悪い意味での違和感かは別としても、
何か、自分の人生には「予定されていなかった事を行っている」
という意味での違和感が、私にはあります。

●「分割自我復元」というDVDの著作を出すまでは、
私は、残った人生のおおよその、アウトラインを描いていましたし、
だいたい自分がいつごろには、死ぬべきかも知っていました。
また、それまでの人生は（細かい部分には予定外のこともあったものの）
そのほとんどが、生まれる前に計画したとおりでした。
また未来の地球に関しても、おおよその予測はついていました。

●ただ、自我復元ということに関わってからは、
私の中には、とても奇妙な、今までに一度も経験したことのない感覚があります。
上手く言葉では説明できないのですが、強いて言いますと、
「タイムトラベラーが、もしも、過去に戻って、歴史の一部を
　変えてしまうような事を行ったら、このような感覚を持つのではないか」
というのに、少しだけですが、似ています。
私は、現在言われているようなタイムトラベルの有無には、
かなり懐疑的でありますので、あくまでも、これは「喩え」です。

●自我復元という方法論を持ち込んだ事で、
このプロジェクトに関わる人たちの存在する世界線を、私は変えてしまったような
感覚を持っているのです。
と、同時に自分の未来の世界線も、変えてしまったように感じています。
自我復元という論理や方法論は、
そもそも、地球に存在する予定ではなかったものであるという感覚が
私には強く感じられています。

●地球の人類の、他のどんな文化、文明、直感であっても、

それらは、生まれる前の段階で、当の人間たちが意志して決めてきたことであったり、
または、外部（外次元や外宇宙）からの干渉や操作で起きることですから、
すべてその未来は予測がつく「予定内の路線のもの」です。

●**しかし、自我復元は、この世界に持ち込めと、
他の誰かや、知性を持つ生き物が、私に命令したものではありません。**
また、私が生まれる前に決めてきた事項には、
このようなものは全く含まれていませんでした。
つまり、全くの「突然変異」として現れたもので、それは、
予定外の別の世界線を作る線路を、私はひとつ作ってしまったことになります。
むろん、よく映画の中でやっているような、私が歴史に弾き出されたり、私が歴史
から殺されるという事態は、この時間軸の中では、起き得ません。
それはあくまでも「SF小説」の中での「不完全な時間論理」によるものですから。

●ただ言えることは、私にとっても、皆さんにとっても、地球にとってすら、
予測外のこと、予定外の事を、私たちは、今やっているということです。
この方法が普及したり、メジャーなものになるとは私は全く思っていませんし、
関係のない者たちからも、同意も共感もされたくありませんし、
いろいろな理由から、そもそも、決して、普及して欲しくもありません。
ひっそりと、ここにいる「梅の間の読者の人たち」とだけ、
自我復元を推進して、ただ皆さんが、それぞれの故郷に帰還するのを手伝うのみです。

●ですから、地球という「総体」の未来が変わることはあり得ませんが、
ただし、この今の時点で、おそらく「自我復元を真剣にやっている人たち」は、
その人が乗っている路線が、現在地球に予定されていた未来からは、
別の未来線に変更されてしまっているように私には思えます。

**とにかく、私自身が知りもしないし、誰も予定もしていなかった、
別の未来の世界線を、ひとつ、新しく創作してしまったという感覚があります。**

そのために、あまりにも予定外、予測外のことでしたので、
それまで、当たり前のものとして知っていた未来とは違う未来に馴染むのに、
私自身が、まだ時間がかかっています。

自我復元が困難な人々

●これについては、いつか書かねばならないと思っていたので、
書いておくことにしました。
自我復元が、そのスタートラインから困難な人は、実は、自我の希釈率が多い人、
たとえば、1/6自我とかそういう人たちなのではありません。
実際に、私は1/4自我の人たちが急激に変わってゆくのを見ていますし、
1/8自我から始めた人にも改善の兆候を見てきました。

●逆に、むしろ、1/2自我以上の状態にあった人、または現在ある人たち、
この人たちの方が、自我復元が、進まなくなる傾向があります。
その最大の原因は「問題意識」の希薄さです。
つまり、「今の自分は、そこそこ、このままでもいい」、
と、本音の部分では、思ってしまっている傾向が、
むしろ希釈率の低い、1/2自我以上の人には生じてしまいます。

●逆に、何か重篤な問題を、家庭や職場や対人関係に感じて、
このままでは、駄目だ、自分をどうにかしなければならないと
強く感じて、自我復元を行う人たちのほとんどは、
私が見たところ、むしろ、1/2自我以下の人たちなのです。

●**逆に言いますと、1/2自我以上の人たちの持つ「最大の不幸」は、**
「そこそこ、幸せを感じているから、別にこのままでもいいや」
という守りの姿勢に入りやすい油断があることです。
実際には、自我は、まだたったの半分か、せいぜい3/4しかないのに、
その人たちは、現状の自分に「違和感」を感じないのです。

●これを、分かりやすくいいますと、
たとえば、皆さんが、ランチを1/4しか食べなかったとします。
そうしたら、「ちっとも私は食べてない」という不満が出ます。
ところが中途半端に、半分ぐらいランチを食べてしまうと、
そこで空腹が癒されてしまうという弊害があります。
そして、それ以上は食べなくてもいいような「錯覚」をするわけです。

●これと似たことが、分割率の低い人たちに生じています。

自分は変だ、絶対にこのままでは、自分の子供にも家族にも申し訳ない、
自分の人生は、こんなことで終わりたくない、と、
そうした危機感を持っているかぎりはスタートラインが、1/8自我やそれ以下でも、
その方たちの方が、むしろ復元作業は順調に進んでいます。

つまり、自我復元の本当の原動力やモチベーションは、
「問題意識」や「自己不満」や「自己嫌悪感」なのです。

●しかし、この自己不満は、自我の復元率の上昇とともに、薄まってしまうという、
非常に危ない「罠」を持っています。
そもそも、全自我から見れば、足を取られるような不備を沢山まだ持っている
のにも関わらず、1/2自我や、3/4あたりの自我の人は、
「もう大丈夫だ」と、とんでもない錯覚をしてしまうのです。

●ですから、たとえ「スタートライン」が、80パーセント以上の自我に
いる人でも、本人は、復元法を、やっているつもりでも、所詮は「本音の部分」では、
「ちょっと復元とやらを試してみるか?」といった程度の、
「カラ復元ごっこ」になっているのです。
むろん私は、最初のきっかけはそれでもいい、と思っています。
しかし、そこでつまづいて、復元が出来ていない人もいるのは事実なのです。

●そして、「復元が進んでいる人たち」ほど、ぶつかりやすい、
「もう一つの壁」があります。

そこで、こんなことを想像してください。
皆さんは、もしも、風船を膨らませたら、
「最後の方」は、どうなると思っているでしょうか?
自転車のタイヤに手動で空気を送るときも同じです。
それらは、最初は、順調に空気を送り込めます。
最初は、あまり力を入れなくても、空気を楽に送り込めます。
しかし、タイヤや風船が「満杯になる直前」には、
あなたは、かなり力を込めないと、空気を満杯にすることが出来ません。

●つまり、自我復元作業は、復元が「完成に近づくにつれて」、
より大きな力、つまり、より復元作業を加速しないとならないのです。

このことを理解していない人は、復元作業が、3/4 あたりまで進んだ段階で、
「このままいけば、あと何ヶ月で、原型に戻る筈だ」とか、
単純な計算をしてしまいます。
しかし、実はそうではなくて、まるで困難な山登りみたいに、
最後は、ほとんど垂直に岩場を登らねばならないような状況になると考えてください。

途中までは、平坦で、上向きの登山道だったものも、
最後には、ほとんどロッククライミングで登らねばならず、
それまでは、一時間に数キロ進めた道も、最後の部分では、
一時間に数十メートルしか進まないといった状況になるのに似ています。

●ですから、自我復元の作業をしている人は、
まず、その「スタートライン」で、感覚がつかめずに、つまづいた人は、
ご自分が、本当に自分に対して、
「絶対にここままでは嫌だ」という危機感や、自己嫌悪感や、
問題意識を持っているのかどうかを、正直になって、自問してください。

しかし、問題意識を持てと、誰かが外から言っても、
それは、結局は、持てないものなのですから、それはそれで、しかたありません。
しかし、それでは復元作業に、身が入らなくて終わるのは当然なのです。
きっと、もっと「他の事（＝他の瞑想や、他の娯楽や、他の想像や妄想や、
他のおしゃべり）」のほうが、その人たちは、「身が入る」のでしょうから。

●そして、もうひとつの「注意」が必要な人たちは、
スタートラインがどの分割率であったかには関わらず、
自我復元作業が、「最初のうち、とても順調にいった人たち」です。
この人たちは、順調な速度で復元できるのは、1/2 自我まで、
あるいは、3/4 自我あたりまでです。

ですから、その後から、自我の復元速度が、落ちるのを必ず経験します。
今まで、10日で数パーセントの復元を出来た人も、
後になるほどに、同じパーセントを復元するのに、
その何倍かの日数や回数が、かかると思ってください。

●私が何人かを観察したところ、復元作業は、最初は調子の良かった人たちも、
復元が、75%から80%に差し掛かったときに、必ず減速します。
また、最初に説明しましたように、もともとが、50%以上の自我の人たちは、
「絶対になんとかしたい」という意識が希薄になり、
現状の、それまでと変わらぬ小さな幸福感を守ろうとする傾向があり、
自我復元に着手できないことが多いのです。

●以上のことを踏まえて、
問題意識、自己嫌悪感、危機感のある人は、
スタートラインの低さに関係なく、復元は出来ると思ってください。

●また、スタートラインが、最初から高い位置にあった人や、
または復元作業を進めた結果、高い復元率に到達した人たちは、
くれぐれも、そこで決して立ち止まらないように、
「復元作業を、休まず続けて」、「油断することなく」、前へ前へと、進んでください。
あなたの自我が、原型に戻る瞬間は、必ず来るのですから。

スタートが困難な人たち

●世の中には、自我復元のような、これほどにまで、オープンに
されている方法ですら、出来ない人、またはやっているつもりの人、
今は、まだやらない方がいい人というのが存在します。
ただしそれは自我の希釈率には関係ありません。既に述べたように、
1/8自我あたりから、立派にスタートできている人もいます。
一方では、1/4自我よりも上にあっても、スタートできない人がいます。

●まず、非常にスタートを切りにくいのは、
合法、非合法に限らず、「薬物使用」をしている人です。

これは、やめたとしても、その後遺症をどのぐらいの期間引きずるかは
個人差がありますので、何年とはいえません。
人によってはその後遺症（心理的後遺症も含む）を抜けていて、
数年後には、もう大丈夫な人と、人によっては、まだ駄目な人がいます。
まず、このタイプの人は、復元は、相当にスタートしにくいはずです。

■薬の服用の是非について、異論のある方は、何も無明庵でなくとも、
ごく普通の街中の、あなたに、とっても優しくしてくれる、
チャラチャラした「瞑想教室」でさえも、そのほとんどが、

「抗うつ剤や向精神薬を処方されている方は、お断りします」
「精神科にかかっている方はお断りします」
「●●病と診断された方は、お断りします」

とか、
ヒーリングは、医療行為ではありません。
疾患がある場合には、必ず医師と相談の上、
お申込みいただきますようお願い申し上げます。

とか、
セラピー、ヒーリングは、医療行為ではございません。
また過去に精神分裂症（統合失調症）など精神疾患の診断を
受けたことのある方、または現在、精神科に通院され治療中の方で、

**精神疾患の告知、診断を受けている方、アルコール依存症、
てんかんの方のお申し込みはできませんのでご了承ください。**

と、明記されていたり、事前に説明をしています。
何もそれは無明庵に限ったことではないという「現実」を認識すべきです。
また、もしも、そのような注意書きのない瞑想団体や教室があったとしたら、
よっぽどの馬鹿者の団体です。

●その次は、精神的に問題がありすぎる人。
私は、禅書を受付け始めてからは、
黙ってこの１年半ほど、いろいろな人たちからのメールに、
ある意味では、昔の無明庵（2008年以前）では、考えられないほどに、
無分別に応対してきました。
以前の、有料購読の時の無明庵でしたら、最初の一回目のメールで
受信拒否にされたような人たちのメールにも、この数年だけは、
あえて、「現状調査」の為に、扉を少し開いてみました。

そして以前でしたら、即刻アウトになる人たちとも、
「禅書」という、敷居を極端に下げた中で、交流を持ってみまして、しばらく、
いろいろな人たちのメールにおける、ふるまいや、その様子を観察していました。
というのも、「禅書」は、アートですから、誰にも隔てなく、
私の筆が、その文字を自然に書けるかぎりにおいては、
書の制作はしてきましたし、その感想メールも、受止めてきました。
なぜならば、禅書と、無無心の書は、私にとっては、精神世界ではないからです。

●一方で、こと、自我復元法に関しては、
死人禅や悟りに向かうメソッドとは異なって、
これこそ、どんな希釈率の底辺にいる人にとっても、優先課題であることは
間違いないのですが、ただし、ここのところ、数件、
私の中に「判定行為が、自然に起きない人」というのがいました。
おそらく、その人たちというのは、時期をずらして、数ヶ月後ないしは、数年後に、
ずれたときに、なんとか復元法を出来るようになるのかもしれませんので、
むろん、切り捨てるつもりはありません。

ただし、自我復元に限らずとも、ジョギングやダイエットであってさえ、
どんなことであれ、それを「スタートするモチベーションが煮詰まる時期や、
チャンス」といったものがあるものです。
従って、ごく一部ですが、
一般的な、他の「梅の間の多くの実習者の人たち」のように、
すぐに始められる、というのとは、違うタイプの人も、いるようです。

■また、いくら本人が、「やっています」「最優先します」「そのつもりです」
といっても、報告などが全く何もない、送信する意味もないような、短文のメール
がごくたまにですが来たりします。
しかし、このプロジェクトにおいては、「判定依頼」の時、
またはそれ以外の時に提出される、「変化した内容の、具体的かつ明晰な、報告書」
だけが、すべてを物語りますし、
このプロジェクトにおいては、それ以外のものに価値はありません。

それは、調査している私にとって価値がないというだけではなく、
何よりも、それは、やっている「皆さん自身にとって」、
結果が出るかどうか、それ以外のものは、何も価値がないのです。

■ですから、その報告内容にすら、本人が、今の段階では、
気づく可能性もないほどに、無自覚的な問題がありすぎる人や、
または、私にも理由は分かりませんが、自我判定のスイッチが起動しない場合には、
私は判定をお断りしますし、
また、今の時点では、復元作業や、自我判定そのものを奨励しないことも、
「稀に」ですが、あります。

いずれにしても、皆さんの目的とすべきことは、
無明庵サイトや、あるいは私にしがみつくことではなくて、
貴方自身の自我に、今度こそ、しがみつくことです。
今度こそ、あなたの周囲の他人に妥協して、それを手放したりしないように。

■かつて、和尚がこんなことを言いました。(意訳であるが)

「偽善的な愛よりも、本物の憎しみの方が、はるかに美しい。
なぜならば、少なくとも、それは、嘘っぱちではなく、本物だからだ。」

それと同じように、中途半端な、瞑想やリラックスよりも、
正真正銘の、本物の「緊張」と「ストレス」と「自虐性」の方が、遥かにマシである。

●希釈自我というものだけは、絶対に許せない「大間違い」であるが、
ただし、原型であった「自我それ自体」は、どこも間違ってはいない。
また悟りも自我も、双方ともに、それ自体は、どこも間違ってはいない。
ただし、それが、「全一的」でない「中途半端なもの」であれば、
その、どちらも、間違いである。
「中途半端なもの」というのは、間違いや正しさの問題以前に、
それは、とことん「不潔」で「醜い」のである。

【自我率の判定結果が、1/10 自我以下だった方へ】

■既に何度か、エールを送っているので、
同じ事を言うのはこれを「最後」にしますが、
希釈率がどうあれ、その位置から、自我復元を始めるか、始めないかを、
貴方自身が決断する、というだけの事です。
そして、復元が、出来るか出来ないかは、
スタート地点の自我率には、ほとんど関係ありません。

■これだけ言っても、まだ、ふて腐れたり、
落ち込んでいるような暇のある人がいたとしたら、最後に言っておきます。
(無明庵の古くからの読者の人たちには、そういう人はいないと思いますが。)

■自我の分割という不正行為が急激になったのが、(仮にですが)、
西暦の1700年頃と仮定します。
そして、仮に、現在あなたが40歳だったとします。
そうしますと、たとえ貴方が最初は、全自我の状態で生まれても、
西暦1700年の誕生時に、もしも、希釈自我を選んでしまったらば、
これまでの、約270年間の間に、各人生を60歳の長寿まで生きたとしても、

次の転生までの「待機期間」が短かった場合には、
少なくとも、あなたは、「4度」は、「分割、または、希釈」をされているのです。

実際には、その過去の戦争や病気の多かった時代に、
一回の生を、全部70歳まで生きるのは、難しかったでしょうから、
あなたは、既に、4回以上は、自我の希釈や、自我のレベルダウンを繰り返したことになります。
そうなれば、1700年の希釈から始まって、今回1970年ごろに生まれたあなたが、
1/10自我になっていたとしても、そんなのは「当たり前のこと」です。

■これが、この世界の「地獄絵」であり、分割自我理論における見解なのですから、
ご自分の、自我の希釈状態を、他と比較して、落胆している暇、
あるいは冷え切った心で、斜に構えて、ヘラヘラ顔をしていたり、
酒を飲んで、気晴らしをしている暇と余裕があったら、
その恨みを、近代の地球という惑星そのもののシステムや、管理者にでも向けて、
そこから、自分だけの力で、這い上がってください。

■ちなみに、私は、この地球上の誰一人からも、恨まれる覚えはありません。
なぜならば、自我の分割をしたのは、高次の管理職の存在であり、
私は、全く私には関係もない「他者」が行なった、「不祥事と不始末」の、
「尻拭い」を私はしているのみだからです。

また、私は、悟りや意識変容の問題を扱う場合のような、
極度に、人選や論調が、厳しくなるケースとは全く異なり、
こと、この「自我」の問題に関しては、
いかなる差別もせず、どんなに希釈された自我の人に対しても、
この「梅の間の投稿」とDVDで、分け隔てなく、
自我復元法を提供しているつもりだからです。

従って、もしも、「分割自我理論」それ自体が、
あなたにとって、とても「心地悪いもの」であったり、
あなたが今、一生懸命に信じている「信念体系」にとって、
信じられなかったり、全く受け入れられないのであれば、

それは、私にとっては、とても助かりますので、そのように扱ってください。
なぜならば、そうなれば、私は、
自我復元法を実習していて、明確な変化報告をしてくる人たちだけに向き合って、
今よりも、もっと、この実験作業だけに徹底的に集中できるからです。

■もう一度、言いますが、

私が誰に対しても、等しく提供できるのは、自我復元法のみですし、
それ以外のものを、私は人間の「最優先課題」だとは、全く思いません。

それ以外のことについては、カウンセラーや、どこかのワークショップや、
宗教や、瞑想会へでも行って、貴方の相談事や悩みを持ち込んで下さい。

■もしも「分割自我理論」そのものに信頼を置けないのであれば、
それはそれで、私にとっては、大変に、都合のよろしいことです。

その場合には、貴方は、
「自我の分割なんか絶対に存在しないのだから、
自分の意志と努力で、生きたり、あるいは自分の意志で死んだりしてやる」、と、
しっかりと、貴方自身で、「決してブレのない決断と覚悟」を決めて、

以後、二度と、自我判定を無明庵に、頼まないで下さい。
この事（エール）は、メールでも掲示板でも、
これを最後に、これ以上は、二度と再び言いませんので、
これが、私からの「最後の激励」となります。

朝の回収は大切にして下さい

●復元が上手く言っている感じがしないという方も、
そうでない方も、皆さん全員への助言です。

●日中や夜に、儀式を「通しで、回収までやった場合」であれ、
「呼びかけ」だけで眠った場合であれ、どちらの場合であっても、
朝の回収だけは、たとえ短い時間でも、必ず行なって下さい。
なぜならば、仮に日中または夜に、「通し」で儀式を全部やっても、
重要な作業は、「睡眠中」に行なわれるというのは、DVDで説明したとおりです。
その点は、変わりません。

ですから、回収は、睡眠から起きた直後に、
数分であっても、必ず行なうほうが、復元率は上がることは間違いないです。

■ただし、むろん、「呼びかけ」も重要です。
復元が、うまく行かないよう感じている人は、よく考えてください。
私達がやろうとしている事は、
ほとんど、OOBE（体外離脱）に「似た事」を、やってのけようとしているのです。
OOBEをするのに、お題目でも唱えるように、あるいは、
「修業するぞ」とか1万回言うような、馬鹿なカルト教団みたいなことで
済むと思いますか？
あるいは、ハートに瞑想してオープンになるんだとか、
目的を持たず、あるがままでいいんだ、とか、
そんなことで済むと思いますか？

OOBEで最も重要なのは、意識を失わずに、意識の進路を決めて、
決めた進路どおりに行くという意志の力です。
ただし、むろん、自我復元法は、OOBEではありません。
ですから、自我復元では、自称「OOBEが出来る」という読者の人が、
「全く復元ができていないケース」も、いくつか見ました。

■一般的に言われるOOBE体験や、その内容に、
私は信頼を、あまりおいていません。
自我復元は、もっと単純に、昼間や寝る前に「仕込んだ内容」を、

睡眠中に、自動的に、起動させようとする方法です。
なにしろ、皆さんが、相手にするのは、普通の「生の世界ではない」のですから。

■そして、最近、分かってきたことは、
普通の人間同士の世界で、最低限のコミュニケーション能力もない、
というタイプの人は、
「向こう側の世界」でも、コミュニケーションを取れないということです。
復元作業に、極端な個人差があるのは、これを原因としているのではないかと、
ここ最近、感じはじめました。

もっと正しく言いますと、コミュニケーション能力などという
そんな表面的なものではなく、

他者との最低限度の「ラポール」を形成できる資質を持っていない人は、
回収以前の作業が、そもそも出来ていないと思われます。

最近、そういう事例を何人も見ましたので。

なぜ自我の取りこぼしがあるのか？

**【分割自我復元】のDVDを実践中の皆さんは、この投稿を、
必ず読んでください。また、指示に従ってください。**

＊＊＊＊＊＊＊＊＊＊＊＊＊＊＊＊＊＊＊＊＊＊＊＊＊＊＊＊＊

●むろん方法の詳細はDVDを買われた方との差別化を図るために、
掲示板では書きませんが、DVDをご覧になられ、
かつ、ここの「梅の間」を定期的に購読されてきた方には、
私がこれから言うことや方法を、どうしたらいいのかは、分かると思います。

＊＊＊＊＊＊＊＊＊＊＊＊＊＊＊＊＊＊＊＊＊＊＊＊＊＊＊＊＊

●さて、自我を集めて回収したときに、「取りこぼし」が生じている
という話を以前にしました。
回収したきた元の自我がどう考えても、
まさかこの世界に1/8以下の自我ばかり、ということもないはずなのに、
100回、回収しても、1/2自我にすらならない事があるという
今まで「謎だった現象」です。

●この点について、私のこの探索の協力者と、ずっと検討とテストを
していたのですが、ほぼ確実な結論が出ました。
また、解決法（改善法）も見つかりました。

●ここから私が話すことを、注意して、よく聞いてください。
「自我という障壁＝器」を構成している霊的素材は、
本来は、「死後の世界」でしか取引きしたり、扱うことは出来ません。
次のようにイメージしてください。
自我の素材は、「氷」や「ドライアイス」のようなものであると。
そして、私たちが生きている、こちらがわの世界は、気温20度とか30度の世界で、
一方の死後の世界は氷点下の世界であると。
（むろんこれは、分かりやすくする為の単なる喩えのイメージです）

●そうなると、死後の世界にあるべき、その氷を取り外して、

こちら側の世界に運ぼうとするときに、
その氷（自我の素材）は、外気にさらされることになります。
その為に、溶解や気化が起きるのです。

●幸いに、全部が融けてしまうわけではありませんが、
かなりの部分が、気化または溶解してしまっています。
その為に、持ち帰って自分に回収したときには、思ったよりも
遥かに小さくなっているのです。

●これが起きてしまう最大の原因は、既に言ったように、
自我を構成している素材が、氷かドライアイスにも例えられるもので、
死後の世界の温度＝（周波数と言うべきか）では損傷はなく、
あるいは、私たちの住むこの世界でも、
個人の内部に保存されている分には、問題はないのですが、
それを取り外して「この世界で移動して運ぼうとする」と
こちら側の周波数＝（霊的温度ということも出来る）にさらされて、
損傷を受けるのです。

●自我が、そのように、私たちが住むこちらがわの世界で、
個人の内部から取り外したり、外気にさらさしたときに、
融けてしまうというのは、しごく当然の法則です。
というのも、もしも、自我がこちら側の世界で、
取り外したり、ある人から別の人に移動したときに、全く損傷なく
その形を保っていたら、とんでもない現象が起きてしまうからです。
もしも、そのような状態であったら、皆さんは、
（人間を改造した側の存在にとっては、）固定されているべき自我の器が、
毎日のように変化してしまいます。

●それでは、日々の私たちの生活で、無意識下で、情報交換がされたり、
俗にいうところの気が交換されたり、伝達されたり、あるいは俗に言う、
憑依現象などが生じるときに、
その時に、自我の一部までもが、それに付属して移動してしまう
ということになるからです。

しかし、そのような現象は、この世界で、
(非常に特殊な例を除いては)、ただの一度も起きたことはありません。

●人と人との間、あるいは人と自然界や、人と霊的世界の間で、
伝達されたり、変動するのは「情報やエネルギーのみ」であり、
**「自我を構成する霊的物質が(これ以外に言い方がないので仮にこう言います)」、
私たちの住む世界で、交流したり変動することは「決してありません」**。

●これ故に、皆さんが、今、自我の復元作業を行っていても、
**回収した自我の「パーソナリティー」は、決して皆さんに転移しないのです。
自我の構成物質には、パーソナリティーは全くありません。
ここが、普通の霊的現象や気などと全く異なる点です。**

普通の霊的現象の場合には、
あなたが拾ったり、他人からあたえられたり、
あるいは、良くも悪くも他人や環境から受けたエネルギーには、
エネルギーの「質」や、個性が含まれます。
ですから、その質や相手の個性の影響を、あなたは受けてしまいます。
しかし回収した自我は、どこからどう回収しようが、
個性を持たない、単なる「素材」です。

●自我を故意に設計して作った人間以外の者たちや、
現在、自我を分割して切り刻んで希釈している者は、
私たちが生きている、こちら側の世界で、
自我が混合されたり、分離されるといった混乱が決して起きないように、

**自我を構成する素材は、
もしも、私たちの住む世界の中で、取り外したり移動しようとすると、
外気の温度差に喩えられるような「環境差」によって、
「すぐに融けて気化してしまう」ように設定したわけです。**

●次元や温度の違う世界で機能している物質同士が、
もしも、別の次元の周波数に触れると、

融けたり、気化して消えてしまう、というこの現象は、
ご存知のように、物質の世界ですらも、頻繁にあります。
＊＊＊＊＊＊＊＊＊＊＊＊＊＊＊＊＊＊＊＊＊＊＊＊＊＊＊＊＊＊

●さて、では、そんな不利な状況にある私たちは、
一体どうしたらいいのでしょうか？
答えはとても簡単でした。

もしも、あなたが自我を拾ったら、
すぐに「クーラーボックス」のような容器へ入れてください。
そして移動中も、クーラーボックスの中に保存して移動し、
ボックスの蓋をあけたら、すぐに体内に回収してください。
注・(この時に、ボックスから「あのリング」に直結して入れて下さい)

●そして、このクーラーボックスは、むろん皆さん個人が、
ご自分の好きなイメージで頭の中で描いてください。
宝石箱みたいな外形がいいのでしたら、そうしてください。
医療用のクーラーボックスや、
釣りの時のクーラーボックスでもいいですし、なんなら、
ジュラルミンや、アタッシュケースのようなイメージでも、構いません。
重要なのは、その「ボックスの中」では、回収した自我は、
「決して、融けない、気化しないのだ」という、イメージ付けです。
そのために、ボックスは、ある程度強固な外壁を持つ素材で出来ている
イメージである必要があります。
(その点では、木製の箱のイメージは、機密性が、少し弱いかもしれません)

●この時に役立つのが、自我を氷に喩えることです。
氷を外気温30度の世界で扱えば、どうなるか分かるはずです。
ですから、皆さんが各自で好きにイメージした、
その「冷凍保存のイメージを伴うボックス」に自我を入れ、
それに入れて運んできて、そこから出して、すぐに体内に取り込むんだ
というイメージを形成しておいてください。
注・(再度言いますが、この時に、蓋を開けたら、まずリングに、

直結して吸収してください。)

●これは現在の、眠る前に行う自我復元法の時に、
補足的にイメージをしても構いませんし、
昼間、それとは関係ないときに、イメージを固めておいても構いません。
とにかく、この「ボックスに回収して、ボックスで運ぶ」という、
イメージの「条件付け」を、
今までの復元方法にも必ず加えてください。

●ここ一ヶ月ほど、ずっとその事を検討してテストしてきましたが、
その結果、無事に運搬され、回収される自我の量は、倍増」しました。

＊＊＊＊＊＊＊＊＊＊＊＊＊＊＊＊＊＊＊＊＊＊＊＊＊＊＊＊＊＊＊

●なお、DVDで説明しました、分割自我復元の作業に伴い、
ほぼ必ず皆さんに起きる、「典型的な特徴」が、

1-夢の内容の中に「いくつか、起きます」。
2-そして現実生活の中での変化が「いくつか、起きます」。

しかし、これについては、皆さんが先入観を持つと良くないので、
ここでは書きません。
自我復元の作業をした人たちからの、その報告を私が読んで、
それが上手くいっているのかどうかを診断するときにだけ、
その典型的な特徴と照らし合わせています。

＊＊＊＊＊＊＊＊＊＊＊＊＊＊＊＊＊＊＊＊＊＊＊＊＊＊＊＊＊＊＊

●以上、短い内容でしたが、本当に重要な方法であり、
重要な「次元間法則」なので、必ず、持ち帰るときに、
「保存用のボックスを使う」というイメージをしっかりと、築いておいてください。
古今東西の、魔術の世界では、当たり前の事ですが、
「ただのイメージ、されどイメージ」です。

人は心に想ったもの、想像したものが、明確であるならば、それを必ず引き寄せます。
ただそれを、明確に想えない人と、そして、
自分で引き寄せたものであるのに、それを受止められない人がいるのみです。
もっと正確に言えば、自分がなぜそれをイメージしたのか、
という自分の欲望について、無自覚でありすぎるために、
本心とは全く違うものをイメージしている場合も、よく見かけます。
また、せっかくイメージして、望んだものがやってきたのに、
なんと、あまりにも無意識すぎて、それに気づかない結果、
チャンスを、どんどん逃がしているという、ケースも多く見ます。

●しかし、今のような、自我の、ひどい希釈がされる前には、
本来、全自我の人にとっては、俗に言う願望実現など、
「出来て当たり前のこと」だったのです。

＊＊＊＊＊＊＊＊＊＊＊＊＊＊＊＊＊＊＊＊＊＊＊＊＊＊＊＊＊＊＊＊

【自我復元法の一部変更】

●変更1
ターゲットは、日本に限らず、日本以外の国でも良い。
ただし、漠然と世界地図を想うよりも、
国境線や大陸単位で、地域を限定した方がいい。
また外国語が出来なくても、そのことには構わず、作業をしてください。
日本語で言っても相手は内容を理解する、という思い込みの前提で行ってください。

●変更2
夜の儀式と朝の儀式を続けて「一回の作業」でやっても構いません。
また行う時間に、制限はありませんので、夜、昼、朝、いつでも構いません。

もともと夜と朝に儀式を分けたのは、
睡眠中の無意識的な作業のほうが、効率がいいとの私の判断によるものですが、
入眠前や、起床後の作業の場合には、途中で、
眠くなってしまうタイプの人がいるようですので、このように変更しました。
また、時間帯を散らした方が、混雑による競争率を減らすことが出来るからです。
この点では、ターゲットの国を限定しないことも、競争率を減らす効果があります。

変更点は以上です。

■なお、「変更事項2」を使う場合にも、
回収はいったんまずリングに回収してください。
それで様子を見てみてリングを使わない「直接回収」も自由に試して下さい。

■さて、重要な改善法を書き残せたので、私としては、一安心です。
むろんこれ以上の方法もあり得るかもしれませんが、
少なくとも、自我を復元するというテーマ以上に重要なテーマなど、
現在の無明庵にはなく、それ以上に、すべての人々にとって、
現状からの脱出口はありません。

また、自我の素材の「取りこぼし」の原因が分かったことで、

今回、かなり改善されましたので、あとは、私は、
皆さんからの「復元作業の結果に関する正確な報告」を待ちつつ、
皆さんから依頼された「書」を描く事を、静かに楽しみながら、
皆さんの自我が復元されることを願って、
状況を見守っていきたいと思います。

＊＊＊＊＊＊＊＊＊＊＊＊＊＊＊＊＊＊＊＊＊＊＊＊＊＊＊＊＊＊

●「努力をしているのに努力が報われない」、
そんな状況は、本来、この地球の人間には、決してあってはならない状況でした。
「努力をしようと決意しているのに、その努力が出来ない」、
そんな状況は、本来、あなたには、決してあってはならないことでした。

地球の人々が、そんな状況になってしまった全ての元凶が、
正確に言えば、あなた個人の責任ではなく、
自我を希釈した存在たちの不正行為にあります。

●ですから、私は最近、どれだけゾンビ化した人に対しても、
具体的に「何が悪いからである」と「叱咤」する気も、ほとんど失せました。
また、逆に、丁寧に、何かを助言をするときにも、
「具体的に、どうしたらいいか」という事を言うことが、本当に少なくなりました。
具体的に、いくら指摘しても、助言しても、希釈されてしまった自我を持つ人に、
何を言っても、それは無駄だからです。

この「無駄」というのは私が相手の人を軽蔑して言っているのでは断じてありません。
それは、手が１本しかない人に対して、「アヤ取りをして下さい」とか、
足が１本しかない人に「なぜ普通に走れないのですか？」と、
私が言っているのと同じで、それは私の側の、間違いだったからです。
しかし、その同じ、大間違いを、この世の中の、
すべてのカウンセラー、セラピスト、占い師、霊能者たちが、
今も、ずっとやり続けています。（ビジネスとしてであれ、親切としてであれ）

しかし、まず、何よりも自我が「原型」に戻らなかったら、

**本来の人間に「当たり前に出来た筈」のことが、出来ないのですから、
「自我の復元」以上に重要な、万事解決法など、
(私の論理から言えば、)この地球にはありません。**

●ですから、「悟り」だなんだのを「万事解決法」だと思い込んでしまい、
何かの能力開発や瞑想法などを、「万事解決法だ」などと思ってしまい、
この惑星の「現在の現実」というものを誤認して、歪曲し、
精神世界や宗教の経営者にとって、都合の良い夢、
そして貴方本人が、「心地よくなれる」だけの夢に、
ご自分が「死なない理由」や、「生きている理由」を、依存している人たちは、
この無明庵から、本日限り出て行って、二度と再び、戻って来ないでください。

このサイトで、私が何度も言いましたが、そもそも地球という場所は
悟る為の環境として特化して作られた場所ではありません。
そのようなことをしたい人は、早く死んで、他でやった方が
ずっと早いです。これは冗談ではなく、真実ですから、
そういう人は、躊躇なく、死んでください。
これは皮肉でもなく、冗談でもありません。
人生の時間を無駄にしたくないのあれば、それを私は推奨します。

**ただし、そうした自分の転生先の「選択」が出来るという事すらも、
そもそも「全自我」を持っている人だけに限られますが。**

また、そもそも、全自我の人たちというのは、放置しておいても、
何百年か、あるいは何千年かすれば、「誰の助けも借りずに」、自主的に、
自然に悟りの道に踏み出す事も、多いものなのです。
全自我の人たちが、その自我が持ち得る全ての好奇心と欲望を、
存分に「飽き尽くす」まで味わい、満たし、満たされた、
「その果て」にある悟りへの道、のみが意味を持ちます。
「それよりも以下」の状態で行う、悟りの為だと称する修業ごっこなどには、
全く何の意味もなく、何の価値もなく、何の神聖さも、美しさもありません。
たとえ、それが権威ある寺のものだろうが、カルト教団のものだろうが、
何であり、そんな、しみったれた火薬のような状態では、不完全な不発に終わります。

自我の本来持つ、そのバイタリティーとエネルギーを、燃焼し尽くす事もしないで行う、座禅のポーズや瞑想ごっこなど、全くの「愚」そのものです。

＊＊＊＊＊＊＊＊＊＊＊＊＊＊＊＊＊＊＊＊＊＊＊＊＊＊＊＊＊＊

●さて、この惑星の人間の自我が、生前の契約時には、
本来は分割されていないはずであるのに、それが分割されている状況にある、という、
私がこの約一年の間に語った、
「神話」または「御伽噺」か「妄想か幻想」のようなものを、
それをあなたが、信じるか、信じないかは、まったくの自由です。
そして、それを復元する手がかりとなる方法が無明庵でつくられた
ということを、信じるか信じないかも、あなたの自由です。
そんなのは、当たり前のことです。
何を信じようが、否定しようが、同意や否定だけは、「悲しいこと」に、
それは貴方の「妄想」が行える「唯一の自由」なのですから。

●ただし、他の全ての体系や、瞑想や、座禅やら、魔術訓練やら、
宗教や、精神世界や、カウンセラーや、セラピストを、
何十年もかけて巡り続け、心底信じて試したのに、納得できなかった場合、
あなたが「結局は、何も解決できなかったのではないか？」と、
心底から、痛切にあなたが「実感」した場合、
その時には、「分割自我復元」のDVDをよく聞きなおし、
この本書に書かれた内容をよく熟考してから、
ご自分に残っている寿命の歳月を、どう生きたり、
最後には、どう死にたいのかを、自分自身の頭で、決めてください。

【自我復元法の最終目的】

●皆さんに残された寿命が、あと何年であるかは、
ある人は、もっと生きて経験したかった事があると思っていても、
あと二年か三年後に、死ぬかもしれませんし、
ある人は、もう明日にでも死にたい、と思っていても、
その意志に反して、まだ30年、40年と、生きなければならないかもしれません。

いずれにしても、いつか「その日」は来るわけですが、
そもそも、自我復元というものを、
あなたは「何の為に」やっているのでしょうか？

●散々に、自己変革法だの、自己啓発セミナーなど、瞑想組織を梯子して、
結局は、効果がなかったので、「自我復元に賭けてみよう」という人もいれば、
あれこれのガラクタコレクションのひとつにしか思っていない人もいるでしょう。

●しかし、そもそも、自我復元法の最終目的というのを、
勘違いしたり、全く忘れてしまっている人たちがいます。
自我復元というのものは、自我を正常に作動する状態に戻して、
この世界で本来、正常な自我と意識によって経験できたはずのものを
取り戻す、ということは、むろん、皆さんのモチベーションになるでしょう。
実際に、それを取り戻しつつある読者の人たちは、
お金には、かえがたい価値を、この復元法に感じていますし、
「自我復元」によって変化を経験しているある読者の人の言葉を借りれば、

> きっと私は、これからの人生では、
> 「これを買えば、健康で幸せになれますよ。」
> と誰かに言われても、「間に合ってます。」と言えると思います。
> と言いますか、世間にあるような願望実現法が流行り、それに
> 人々が群がる事が、そもそも異常なのだろうと（今では）思います。
という事になっています。

●しかし、自我復元のゴールはそこではありません。
自我復元のゴールとは、単なる「人生の取り戻しだけ」なのではありません。
また、「希釈自我では悟れないから、
まず全自我に戻ってから、悟るための瞑想をしよう」というのであれば、
これもまた、自我復元の本線からは「邪道」です。
さらには、こっそりと仲間には内緒で「自我復元」をやって、
瞑想で神秘体験の成果をあげて、仲間や他のインストラクターを、
追い抜いてやろう、とか、まー、そういう人もいそうです。

もっとも、自我復元とは、
「結果が出ればいい」という、完璧に「結果だけ重視する世界」ですので、
そういう動機でも、全く構いませんが。
ただし、そもそも、「そんな程度のこと（悟り）」は、ここから出てからであれば、
いくらでも好きなだけ出来のですから、
方向が、そんな「瞑想信仰」へと外れてしまうような人は、
自我復元をする意味がありませんので、うちの方法は、やらなくていいです。

●自我復元の最終目的とは、ここから「出る」ことです。
自我復元の目的とは、単に、当たり前に経験できたはずのことを
取り戻すことだけがゴールではなく、
全自我になったあなたが、いつか来るその「死後」に、
自分の主導権を持って、自分の「目的」とする世界に向けて、
自分を、ここから、「はじき出すことが出来るのかどうか？」です。

●地球という世界で、過去数百年、あるいは数千年に起きた、
人間間のトラブルの問題については、私の見解では、
その根本的な責任は、あなたにはありません。
従って、あなたが、この惑星に粘着している理由は何もありません。

**もしも、あなたに、地球で人間に起きた、この分割自我への責任があるのであれば、
あなたは、その責任を果たすために、この惑星にいる必要がありますが、
そんな責任を持っている者は、「ただの一人もこの地上にはいません」**

●従って、あなたが自分で作ったものでもないシステムという、
自己責任のないものについては、
単に、あなたはそれを「見限って、捨てるだけ」で充分です。

【DVDをもう一度よく観て下さい】

●現在、市販の「分割自我復元」のDVDの内容に対して、
梅の間で、変更を加えた点は、以下の点です。

1-対象とする地域を日本に限定しない。
2-クーラーボックスの使用で、気化によるロスを軽減する。
3-死人禅をも含み、他のどのような瞑想法も、
やってもやらなくても良い。(瞑想の必要性を撤回(否定)した。)

●しかし、かなり多くの人たちが、私がDVDの中で、重要であると
「明確に説明していること」を、していません。
ちゃんとそれを、言われたとおりにしているのは一部の人たちだけです。
このことが、自我復元の儀式をしているにも関わらず、「復元率」の低い人や、
そもそも復元が「スタートできない人」の原因の一つになっています。
私があれだけ、説明をしたのにも関わらず、
多くの皆さんが、ないがしろにしてしまっている重要な行為、
それは、
スケッチブックに、あなたの理想を書くように……
と私が説明している部分です。

●多くの皆さんは、
「自我復元すれば、やっと人生の本当の始まりに立てる、」
というところにばかり、目が行ってしまっています。
しかし、では、めでたく、あなたが「全自我」に向かって変化し続け、
あなたに残された、数年の寿命を、本当に楽しくまた明晰な意識によって、
ひとつひとつの経験が、それまでが夢でも見ていたかと思えるほどに、
息を吹き返したとします。
実際に、自我復元によって、そうなっている人たちが、
現在、多くいるわけですから。

●そして、全自我に戻ったあなたが、死んだとします。

**そこで、あなたは、一体、どういう主導権や、意志決定権や、
自分の生の選択を出来るというのでしょうか?
下手をすれば、あなたは、何の目的もなく、ふらふらと、
また地球に戻ってきてしまうだけです。**

私は、全自我になった後に、地球に戻ることなど、一切推奨していません。
そもそも、そんな責任も、必要性も、あなたには「ない」のですから。

●私が、皆さんにDVDの中で言っているのは、
「**あなたの故郷に帰還しなさい**」という事です。

では、その故郷は、どこにあるのか？
その行く先に関する記憶を、引っ張り出すのが、
「あのスケッチブック」を使う作業です。

●つまり、自我復元法というDVDは、それ自体が、
ひとつの、他とは違う、独自の人工的な「信念体系」を持っており、
それが目標としていることは、サブタイトルに明確に書いたとおりです。
「**地球に生まれて来ない為**」の……です。

●そして、スケッチブックを使って皆さんにやってくださいと、
あのDVDの中で言っていることは、
それをすることによって「自我復元作業」それ自体のモチベーションを
形成するように、構成してあります。

●そもそも、人間に何かの動機や原動力を与えるものは何であると、
皆さんは、認識しているでしょうか？
現状の環境、世界、社会、惑星、あるいは、ご自分の意識状態に対して、
「まー、いいや」「どうでもいいや」
「これで、そこそこ満足しているからいいや」
とか、思っているような人が、
何かを始められるわけもありません。

また、理想もないままに、
毎日「不平不満」だけを垂れ流しているような人たちには、
こんなにも簡単な方法である、自我復元すら出来ません。
その人たちは、ダイエットひとつ出来ないと思いますし、
生活の自活すら出来ないと思いますし、

ほんのささいな自分で立てた目的すら、実現できないと思います。
言うまでもない事ですが、
これは精神世界などというものよりも「遥か以前」の問題です。

●人間に「何かをさせる」モチベーションの最大の鍵は、
そこに「目的」となる「理想」が存在することです。
それが、潜在的意識の中のものであれ、意識化されたものであれ、
現状に対する、「落差による不満」こそが、
人間の「正常な自我」の中に、行動の「動機」を引き起こします。
従って、私が何度も言い続けてきた、危機感のない人、
不満も感じられないほどに劣化した人、切羽詰まるという意識すら持てない人、
この人たちに最も欠落しているのは、「自我の分量」だけなのではありません。
この人たちには、自分に対する「理想像」がありません。
あるのは、自分に対する「的外れな過大評価」と、
「年中無休の、妄想癖」だけです。

●しかし、あなたが、どんな状態の希釈自我であっても、
あなたは、「自分に対する理想」ぐらいは創る「権利」があります。
そして何も大した理想もないところには、
不満や、危機感や、動きのベクトルなど、生ずるわけがありません。

従って、自我が希釈されている現状では、
その「分割自我」という現実に対する解決策は、
唯一「自我復元法」しかありませんが、
その自我復元法のメソッドの中には、皆さんが見落としすぎている
「重要な要素」があることを忘れないでください。
忘れていたのならば、今すぐに思い出してください。
思い出せないのであれば、今すぐに、DVDをもう一度、観てください。

●私があなたに「スケッチブックを使って、やりなさい」と言った作業は、
地球上の、今の生活で必要になることではなくて、
地球を「出るときに必要になるもの」です。
私は、皆さんに、

「地球上で社会適応する為の理想の自分を作れ」などとは、
ただの一言も言っていません。

●あなたという存在が作り出せる限りの、
常識など飛び越えて、あなたの頭脳が作り出せる限りの、
「これこそが、最高・最上の、理想的な自分だ」というものを、
あなたの理想として用意しなさい、と私は言っているのです。
ただし、その理想は、地球上の人間としての生に限定してはなりません。

●この、私がDVDの中で指摘した「重要な作業」をしない限りは、
あなたの現状の希釈自我は無力なままであり、
あるいは、たとえ貴方が全自我になってさえも、
あなたは、このミッションを完成させることは出来ません。

●何よりも重要なことは、いったん明確な、あなたの理想像が形成されて、
その後、それに自分で幾度となく「修正」を加えてゆくことで、
今の現状の貴方自身と世界に対して、
あなたは「ギャップ（落差）」を形成する事が出来るということです。

●そもそも、世の中には、二つの「現実」が存在します。
ひとつは「他者とも共有出来る客観的現実」
もうひとつは「主観という現実」です。
どちらも現実の「一側面」に変わりはありません。

●ただし社会生活や、「自我の正常な経験」として必要なのは、
主に一つ目の「客観性を持つ現実」です。
一方では、主観が持つ現実は、客観的現実との「差異」を作り出し、
それが、「悪く作用」すれば、苦痛となりますが、
この手の「苦痛」が生ずる根本原因は、自我が希釈されたことにあります。

しかし、本来の全自我の状態であれば、
客観的な現実と主観的な現実の「差異」というものは、
その「差異」を、苦痛としてではなく、

自分で意図的に制御して、逆にそれを楽しむことが出来ます。

従って、自我を復元して行くときに、
日常に起きる変化に驚いたり、感動したりするのは、
それはそれで、充分に正しいことですから、
そういう変化の報告に対しては、「本当に、よかったですね」と、
私も心から応援しています。
しかし、自我復元の本当の原動力は、
その「変化への喜び」だけによって促進されていくのではなく、
あなたが自分自身で作った、オリジナルの「あなたの理想像」によって作動します。

●この「自我復元法」の理論の「全体構造」を、よく理解できていない人の為に、
あえて、もっと平易な言葉で、ごくごく簡単に言っておきますと、
自我復元法のステップとは、次のようになります。

●1-
スタート地点が、どのような自我率であっても（低かろうが、高かろうが）
自我復元法を、とにかく実践するかしないかだけが、その人の「明暗を分ける」。
ただし、その自我復元法には、私がDVDで解説した、
「スケッチブックの活用法」が含まれることに注意せよ。

●2-
その過程で、今まで正常に経験できなかった、自己の内面と外面を
正常な自我の状態で経験し、味わい直すこと。
そのプロセスで、あなたは、「希釈自我」「分割自我」というものが、
この世界に確実に存在していたことに、確信を持ちます。

●3-
そして、あなたが全自我に戻れる日が来れば、
何が物事の「当たり前の、正常な状態」だったのかを知ります。
また、その時が来るまでは、あなたは全自我の人とそうでない人を
正しく識別できることは、決してありません。
（自我率が1/2以上の人でも、全自我の全貌を知らないために、

身近な他人の誰かを、全自我だろうと誤認してしまいます。)

●4-
その全自我になったあなたの肉体が、いよいよ「死ぬ瞬間」が来ます。

●5-
そのあなたが、肉体の生死の中間状態において、
地球には戻らないことを選択できるだけの、
「せっかくの主体的な主導権」を得ているとしても、
「どこへ行きたいのですか?」「どうしたいのですか?」と問われた時に、
「そんなことは、まだ考えてもいませんでした」
では、全く笑えません。

●だから、あなたが、帰還したい主観的な世界を、
あなたが、まだ生きている間に、きちんと作っておいてください。
これを作れない人は、自我が持つ主体性と主導権、つまりは、
全自我は、自分の信念体系を、他人から借りるのではなく、
自分自身で、「自分が見たい宇宙像を作る権利と能力」がある、
という「原型自我が本来持っていた最大の利点」を、
あなたは、全く活用できなくなってしまいます。

●そんな、ごくごく基礎的な事もせずに、そして出来ずに、
「理想や目的を捨てて生きるのが正しい」などと吼えるのは、1000年早いです。
「一切の目的と理想を捨てる、あるいはそれが落ちる」ということは、
それ以前に、自分の理想と目的をことごとく、全て「自己実現」し尽くして、
自我の状態を経験しつくして、
価値観の持つ意味とその限界を、徹底的なまでに味わいつくした人にしか、
許されない事なのです。

しかも、仮に、そうした悟りのような状態、つまりは、
(理想喪失状態)(目的喪失状態)(価値観喪失状態)、になったところで、
それが特定の範囲の宇宙において、あるいは特定の「宇宙的な倫理法」において、
また、それが、別の銀河系や、小宇宙や、星団であっても、

それが「あるべき、正しいことである」などということは、一切、定義も、認定も、全くされてはいません。

こうした、「宇宙の基本的な現実」を知らないということは、人間における、最大級の「不幸」を作り出す「無知」です。

イメージしている途中で
雑念になってしまう人

そもそも、現在、自我復元をしている人たちのほとんどは、
市販された「DVD」の内容と、梅の間のサポート情報「だけ」で、
何も私に質問もせずに、ご自分で工夫して、復元を成功させています。

その点では、復元の儀式の段階で、つまづいたり、
いちいち、呼びかけが出来ているのかいないのか、
回収が出来ているのかいないのか、という自己確認にばかりに囚われつづけて、
その結果、復元に失敗している人に対しては、
これ以上、私から何かを言う必要はないのではないか、とも思っています。

しかも、その上、なんと、DVDも買わずに、他人からの「又聞き」だけで、
自我復元をしようとするような人が、もしも、いたとしたら、
そういう人は、「論外」です。
DVDに収録した内容については、掲示板では、私は概略説明だけに留め、
その核となる「詳細」までは語っていませんので。
そうでなければ、大切なお金を出してまで、
DVDを買ってくださった方々への、差別化が成立しません。

■復元の儀式を始めたとたんに、
最初の「地図」すらも、うまくイメージできないとか、最初のイメージは出来たが、
その直後には、全く別の事を考えてしまっているか、
または、フリーズやブラックアウトしてしまう、というタイプの人がいます。
そこで、イメージしたものが、どんどん関係ない雑念になる、
というタイプの人のために、詳しくその構造を解説しておきます。
イメージが飛んでしまうのは、主に次の3つの事が主な原因です。

◆これから私が書くことは、
私がここで言ったことを、実際にこの画面を見ながら、必ず行なってください。
読んだだけで、分かったような気になるものなどには、意味はありません。
必ず、私がこれから言うイメージを、実際にやってみながら、
ひとつひとつ、確認をしてください。

◆イメージし過ぎるタイプ◆

まず、次のことをしてください。
あなたがよく買い物に行く、コンビニやスーパーへ行って、
ひとつだけ、特定の商品を買ってくる、
というイメージをしようとします。
たとえば、サラダ油を買ってくるとか、コンビニ弁当を買ってくる、などです。
それを今、目を閉じて、イメージしてください。
その時、もしも単に、コンビニやスーパーへ行くイメージ、
そして、お目当ての商品のイメージだけ、それをレジで買う、帰宅する。

こうした「断片的なイメージを繋げるだけ」であれば、
あなたは、そう簡単に横道にそれる雑念などしません。
実際、あなたは、今やったようにして、何かを買いに行く前に、
一瞬でそのプロセスをざっと、思い描いているのですから。

ところが、もしもあなたが、コンビニやスーパーの入り口をイメージし、
売り場を探すイメージをして、売り場の棚のイメージをしたら、
どうなると思いますか？
あなたは、ほぼ間違いなく、違うメーカーのサラダ油の種類を見たり、
スーパーの入り口から、目的とは別の商品の売り場をイメージしてしまったり、
弁当も何種類かのイメージがそこに登場してしまったりします。
あげくには、コンビニでかかっている懐かしい音楽までイメージしてしまい、
とうとう、その音楽を一緒に聞いた恋人の事までイメージしてしまい、
ついには、あなたの頭の中は、
その恋人との思い出の中に、完全に移動してしまいかねません。

これが何を意味するかというと、
必要がないほどに、具体的すぎるイメージを描くと、
あなたの思考が連想ゲームを引き起こすようなトラップを、
自分で好き好んで、作ってしまうということです。
つまり、細部まで、細かくイメージすることは、
必ずしも良い「結果」をもたらしません。

あなたが、目的である物を買うという、その結果を得るためには、
手順の「骨子だけ」でいいのです。
その途中で、細かすぎるイメージをすれば、
雑念にそれるきっかけとなるイメージを沢山作り出してしまいます。
従って、復元の儀式においても、細部までドラマ化してはなりません。
買い物をするという最も重要な目的を果たすには、
ざっとした断片のイメージを順序どおりに組み立てるだけで事足りるのです。
それと同じように、復元の儀式の「呼びかけ」と「回収」共に、
イメージは荒くて構いません。

◆自己観察病タイプ又は自己忘却病タイプ◆

■これは、思考観察だの、覚醒しているんだとか、ヴィパサナだのと、
「油断なく自分を観察することが良い」という、ある種の「片手落ち」の、
瞑想ごっこを、しすぎた人たちによく見られる症状です。
この人たちの特徴は、どこにいても、ギスギスとしていて、
ぎこちなく、臆病な感じで、全く周囲や相手の空気も読めなくて、
ただただ、自分の事を観察しているような気になっているだけで、
そのくせ、その観察は、穴だらけというもの。

この人たちが最も簡単に陥る罠は、
何かのイメージをしようとしても、そのイメージの確認ばかりに
気が行ってしまい、イメージが出来ているのか、出来ていないのか、
そればかりに気が行ってしまい、
結果として、この人たちは、イメージする事が出来ず、
ただただ、「不毛」な自己確認の繰り返しだけが残ります。
結果として、この人たちは、何かに我を忘れて夢中になることも出来ません。
一体、どこの本を勝手に解釈して、道を踏み外しているのか知りませんが、
このタイプの人は「常に我を忘れてはいけない」とか、
自己想起という概念を勘違いをしています。
こういう人たちは、ずっと陰湿で暗い顔をしたままで、
何も楽しめませんし、こういうタイプは恋愛もセックスも楽しめません。

■そもそも、正しい瞑想というものは、
全く異なる二つの方向を「個別に経験し尽くすこと」から生まれます。
たとえば、もしも観察者の位置に徹底して留まるのであれば、
それだけに徹して、一切自分を操作してはなりません。
この点で言えば、この種の瞑想では、
一切何もイメージをしてはならない、連想してはならない、
ということになりますので、この手の瞑想は、復元儀式とは相容れません。

■次に、瞑想にはもう一つのベクトルがあり、
それは、完全に観察者を捨てて、行為などに没我、または没入することです。
何かをイメージするという行為は、むしろ、後者に近いものであり、
その時には、自己観察しようとすることは邪魔になります。
従って、イメージがブレて、関係のない雑念になってしまうタイプの二番目は、
何かに没頭するという資質に欠けているか、または、
へんてこな瞑想のやりすぎで、人生何も楽しめなくなったようなタイプ。
カルト信者に多い、あちこちに、ゴロゴロいるタイプです。

◆ただし、逆に極端に、観察者に留まるような訓練を全くせず、
飛んだり撥ねたり、あるいは、メール中毒とか、ゲーム中毒とか、
ただ中毒的に何かに夢中になることしか出来ないタイプの場合には、
これまた、空気読めないし、相手のことも察せられないという、

極めて「鈍感な」人格になります。
このタイプの人間の場合には、前者のタイプのように、
「イメージが途切れて、自己観察ごっこに戻ってしまう」のではなく、
イメージの展開が貧相すぎて、単体のイメージで停止したままになります。
一個イメージしたら、おしまい。次は出てこないというタイプ。
この手のタイプは、TMとかマントラヨーガに毒された人たちに、沢山います。
人格的には、単細胞で、軽薄で、話の質に、面白みや変化がなく、
毎度、同じことしか言えないわりには、「気づきが大切だ」とか言うんですが、
実際には、ほとんど何にも「気づけていない人」ばかりです。

◆しかも、その上、言うに事欠いて、

「私は、囚われに気づいて、手放しました」と、
おめぇー、気づいてもいないものを、
一体、何を手放したつもりになっているのやらです。

そういうのを称して、「手放し運転」と言うのです。
挙句に、他人の車に、迷惑な衝突を繰り返しては、
「これが、私のあるがままなのよ」という、アホウヅラをしています。
これは、人生に退屈していて、冷めて、白けている自分が嫌いで、
何か没入できるものを探していた、というタイプが陥る、
非常に、典型的な「瞑想の誤用」です。
これは、TMや、ダイナミック瞑想「信者」らなどに、実に多いタイプです。
能天気とか、楽観主義とかいう良い意味では断じてなくて、
とても悪い意味で、単調で、軽薄で、物事の思慮に欠ける集団です。
はっきり言うと、頭悪すぎる人たちです。(しかも、「無意味に明るい」)

◆なお、前者の「自己観察病」の人は、
没入できるものを探していた、というタイプではなく、
自分の中の怒りなどの感情的な起伏が嫌いで、
感情に影響されることから逃げたい、とか、
勝手な事を思い込んでいたタイプに、かなり多くいます。
「何事にも心を動かされない、不動心でも手に入れればいいのだ」と、
「とんだ誤解をしている」、どこにでも、よくいるタイプです。
これもまた、非常に典型的な「瞑想の誤用」です。
オウムみたいなカルト宗教や、クリシュナムルティー信者や、
特に、ヴィパサナ信者などにも多く、
はっきり言うと、性根と性格が悪すぎる人たちです。(しかも「無意味に暗い」)
前者は、「頭なさ過ぎ」で、後者は、「頭でっかち」で、感性なさ過ぎ。

どちらも、奇形の自我です。

■しかし実際には、瞑想の基本科学(基本原理)とは、
全く方向性が「180度異なるもの」を、
激しく交互に、または同時に行なうというのが、その本質です。

従って、まともな瞑想指導者であれば、瞑想者を二つのタイプに大別し、
ひとつは、観察者に留まる方が、本人にとって楽なタイプ、
もうひとつは、行為に没入する方が、本人にとって楽なタイプとします。
そして、それぞれに何をやらせるかと言いますと、
その瞑想者本人が、「楽ではない方の瞑想法」です。
そのことによって、瞑想の二輪のバランスを取らせようとしたわけです。
ただし、元々は、これすらも、全自我の人を想定しているものですから、
希釈自我では、そのバランスすら取れなくて当たり前です。

何度でも同じ事を言いますが、元々の瞑想体系とは、そもそも、
「全自我が、人間の平均的な状態だった過去の時代」に、
その原型が作られたものである。
それを、ハンドルもついていない希釈自我の人たちなどがやれば、
ただの、はた迷惑な、「酔っ払い運転」です。

◆人間は未経験のものはイメージが出来ない◆

あなたが、前述した、一番目のタイプであれ、二番目のタイプであれ、
あなたにはどうしてもイメージしにくい対象物があります。
その前に、まずこうしてください。
なんだかんだと言っても、いつまでたっても、異性やセックスのことが
頭から離れない人たちが多いわけですから。
その皆さんが、いつまでも、満足できていない、
そのセックスや恋愛の妄想を使って、ちょっとしたイメージをしましょう。

まず、あなたが過去に付き合ったり、セックスをした相手を
イメージして思い描いてください。
するとデートした時や、その他、いろいろなシーンが
わりと、明確に思い出されて、イメージできるはずです。
かなりの細部まで、覚えていることも多くあるはずですから、
それは、ある程度鮮明にイメージできるはずです。

もしも、恋愛やセックスの経験がないのであれば、別の記憶でも構いませんが、

いつまでも思い出にひたれるような記憶を使ってください。
これをやってみれば、どんなタイプの人であっても、
よほどの薬物中患者でないかぎりは、
あなたには、最低限のイメージ力ぐらいあることが分かります。

◆さて、今、最初にやったことは、ただの記憶の再生です。
では、次に、ただの記憶の再生ではなくて、
記憶を組み合わせたイメージをしてみて下さい。
恋愛やセックスには、人は、いつまでも囚われていますし、
特に男性は、いつまでたってもエロい妄想が大好きでしょうし、
ねんがら年中、頭の中でイメージしているわけですから、
そういう事ならば簡単に出来るはずです。

◆そこで、今度は、記憶の中にあったことではなく、
「現実には起きなかったこと」を妄想してください。
たとえば、アイドルや憧れの女性とあなたがデートしたり、
そうした相手とあなたがセックスをするイメージです。
女性の場合には素敵な男性が、あなたの旦那やパートナーとは全く違って、
あなたに、親身になって、とことん優しくしてくれるシーンの「妄想」です。

◆ちなみに、男性が性的な妄想がお好きなのに対して、
女性に多いのは、ざっくり言うと「変身願望」です。
つまり「もう少しウエストが細かったら、あの服が着られるのに」とか、
「もう少し、バストがあったら、あの服が似合うのに」とか、
「こんな旦那じゃなかったら、こうなのに・・」
「もしも自立していたら、もっと、ああなるはずなのに・・」という、
「変身願望」が、女性が妄想しやすいイメージの内容です。

◆さて、男女共に、そのような、架空の「願望」を妄想してください。
すると、一番目の「現実に存在した記憶」に比べると、鮮明ではありませんが、
それでも、かなりの部分を、あなたは妄想できるはずです。
だいたい、そんなことは、男性であれ、女性であり、
しょっちゅう頭の中で、無自覚のうちに、やっているじゃないですか？

性的な妄想でなくても、あなたは、
ずっと粘着的に、他人の事を恨んでいたり、
あんなやつ、死ねばいい、と思っていたり、
旦那や奥さんと、別れたい、と思っていたり、
憎むにしても、好くにしても、相手の事が、頭から離れなくなってしまう。
あなたは、そんな「夢想」と「思考の連想」ならば、
毎日のように、何十分でも「妄想」をし続けているはずです。

ただし、その妄想のイメージは、実際に経験をしていない事の部分は、
他の何かを見て記憶している「別のイメージ」で埋めあわせています。

たとえば、アイドルとあなたがエッチをしているイメージであれば、
現実経験として不足している部分や、存在するはずもない部分は、
別のところで見たイメージを、そこに合成しています。
ただし、いずれにしても、題材となるシーンの「カット」は、
あなたの記憶から作られています。

■ところが、それだけ、皆さんが、
しつこく、いつまでも、相手のことについて、恨んだり、過去の事を根に持ったり、
あるいは、飽きもせずに、性的な妄想をしていられるものがある、
というのに、その人たちが、たったの「数秒」も続けられないイメージがあります。
それは、「経験したことのないもの」に対するイメージです。

ところが、自我復元法とは、
かつて、誰もイメージしたことのないストーリーによって、構成されています。

しかし、経験したり見た事が、全くないものを、
イメージできる人と、イメージ出来ない人との差があります。

■その差を作り出すのは、唯一「ただひとつだけ」です。
それは「創造性」という資質です。

ただし、この創造性とは、単に他人の模倣をして、何かを作るのではありませんし、

プラモデルを作るのが好きだからいい、とかではありませんし、
また職人として何かを作るのとも違います。
また、ダラダラと、自己不満を小説に書いたりするのとは全く違います。
一言にいえば、
全くのゼロから、何かを作るという事をしてきた事があるかどうかです。
これは「資質」の問題ですので、必ずしも、実際にアーティストであるとか、
創作活動をしているという事と一致はしませんが、
とにかく、「工夫」するということを、生活の中でも頻繁にしている人に、
この資質を多く見る機会がありました。

■たとえば、「自我復元が、順調に進んでいる、数名の女性たち」がいます。
この人たちに潜在的に共通しているのは、
実生活で、主婦やOLとしても、「生活の工夫をする」という
創造性があることです。
たとえその対象が地味なものであっても、
生活のどこかを改善して、工夫しようとしています。
そのせいか、メールから受ける印象も、性格が「やたらに可愛い人」が、多いのです。

●一方で、駄目なタイプは、生活が、だらしなさすぎる女性。
なんでも、まーいいやと、放置したままで、工夫もしない、創造性も発揮しない。
むろん男性で、順調な復元をしている人たちにも、それと共通する面があります。

何かに積極的に工夫を施そうとする人、
ゼロから何かを作ろうとするタイプや
そうした性質を持つ人たちが、比較的、順調な「自我復元」を実現しています。

■ただ、非常に、その「創作性」の定義が難しいのは、
誰かがやっている事と同じ模倣ではならない、という点です。
しかし、完全にゼロから何かを生み出すのは、常に困難ですから、
最初は「創意工夫」からでいいのです。
そういう意味では、
私が「竹の間掲示板」で、何度も奨励した、「料理を作る」という行為は、
何も主婦だから、やらねばならないからするのではなく、

男性にとっても、女性にとっても、立派な創作行為です。
グルメになるかならないかは、問題ではありません。

「簡素な食事」であっても、自分の手でそれをつくることが大切です。
だから、私は、主に、料理好きな女性としか付き合いませんでした。
それは、私が、彼女たちの手料理を食べたかったからではありません。
私自身も料理はしますので、
調理という中で、彼女たちと共有するものがあったからです。
料理には、その人の創作性や個性が良くが出ますし、
それは「魔女の鍋」のように、一種の魔術であるとすら私は思っています。

■さて、創意工夫や、創作、ゼロからの発想、
こうしたものは、何も希釈自我だから出来ないというものではありません。
しかし、その事に全く慣れていない人もいるでしょうから、
その為にも、「スケッチブック」を使うメソッドが役に立ちます。

イメージに、「何も制限を加えることのない」中で、
あなたは、一体、何を創造できるか？こそが、あのメソッドの鍵です。

従って、「スケッチブック」を使うメソッドは、やがては、「記憶にないイメージ」や、
「イメージしたことのないものを思い描く」という能力を刺激しますので、
それが、自我復元の儀式にも、フィードバックするわけです。

●こうした、非常に有機的な構造で、
「分割自我復元法」のDVDのコンテンツというものは、組み立てられていますので、
方法そのものは単純ですが、けっして、基礎工事を無視しないでください。
しかも、主要な基礎工事は、DVDの中では「三つ」でしたが、
今では、「瞑想を、無駄なものとして除外」しましたので、
残るのは、「自我復元の儀式」と、「スケッチブック」の描き込みのみです。

勘違い系のモラルに囚われるタイプ

●さて、自我復元というものは、次の「ようなもの」だとイメージして構いません。
正確には、もっと「積極性」が必要となるものですが、
「理解力が極度にない一部の人」の為に、強いて「極端に分かりやすく」言いますと、
「自我復元法」で、現在、多くの読者の人たちが行なっていることは、
「街角に立って、募金を集めているようなもの」です。
あなたが持っている募金箱には、その募金に「同意」した人が、
善意あるいは、単なる同意から、その一人一人が、わずかな金額を入れてゆきます。
その事が、お金を入れた人に対して、どのような害悪をもたらすと言うのでしょうか？

●そもそも、何度も何度も「梅の間」で書いているように、
提供される自我は、どんなに提供時の効率が良好であっても、
「一つあたりの提供対象」からは、「0.5% 前後」です。

しかも、皆さんは、最低でも
100人以上の人たちから募金を集めるようなものですから、
一人の人から多額の募金を貰うわけではありません。
この 0.5％（実際には、0.1％の事も多くある）が、提供側の「その後の生」に、
不利になるかもしれない、とても「奇妙な妄想」を抱いているような人は、
そもそも、分割自我理論そのものを、ほとんど何も理解できていないわけです。
また、募金を他人から貰うことそのものに、躊躇があるのであれば、
そういう人は、自我復元法の事などは忘れて、とっとと他のところへ行ってください。
もっとも、今までに、そういう、勘違い系の罪悪感を持っている人は、
たったの二人しかいませんでしたが。

●募金を受けた側の貴方は、
頭を下げて、そのことに感謝して、率直に、ありがたくそれを頂戴し、
それを、「宝物」のように、大切に、大切に、使えばいいのです。

提供元の自我率にもよりますが、一つの提供元からの提供は、「2% 以内」であれば、
提供元の生命体には、大した問題やトラブルは起きません。

それ以前に、そもそも、
もしも、ひとつの提供元から「1%」もの大漁となる回収ができたら、

それは、かなり奇跡的なことであり、相当にラッキーな「大物を釣った」
という事になるのですから。

【では、最良の「釣り場」はどこか？】

●前述した、「募金」の喩えに従うならば、
貴方は、沢山持っている人から、少量のお金を戴くのであれば、
問題はありませんが、「あまり持っていない人たち」から、お金を貰うのは、
相手にとっては、多少とも負担になる可能性はあります。

たとえば、
1/2 自我から 0.5% 自我の提供を受ける場合に比べると、
1/10 自我から 0.5% 自我の提供を受ける場合には、
相手の状況には違いが出てきます。

これは、あまり良い喩えではありませんので、
決して、「文字通りには受け取らないで欲しい」のですが、
前者は、五千円を所持する人から、50円の募金を貰うようなものであり、
後者は、千円しか所持しない人から、50円の募金を貰うようなものです。
提供側の「懐の痛み具合」は、当然のこととして、
「自我率の低い対象」から貰う場合の方が、大きくなります。

従って、拾いにゆくときには、
可能な限り、「平均的な自我率の高い国」を選んでください。

また、被災地や戦争地域は「死者」が溢れている地域であって、
それは、私達が探しているターゲットではありません。

私たちが探しているターゲットは、被災地の死者数の何倍も、
世界中の「病院」に、くまなく、しかも「毎日」、存在しているのですから。

●世界中での「一日の平均死亡者」を、おおよそ 16400 人として、
仮に、ターゲットに出来る「条件」を満たしている状態の対象を、

そのうちの「たったの5%」だったとしても、毎日、820ポイントもあります。
「梅の間」の人たちの需要ぐらいは、充分に満たしています。

●「質」の点で言えば、実習者の皆さんが、呼びかけると良い国や大陸に、
あえて「順位」をつけるならば、
1位……日本
2位……ヨーロッパ全土
などが最も理想的で、提供側への負担は最低限のものとなります。
それよりも「かなり落ちる」のが、
実は「北米」と「南米」と、「オーストラリア」です。
私は、You-Tubeで、まる3年以上、外人さんの知性の状態を観察してきましたが、
一般的な、北米のアメリカ人の民度、あるいは自我率というのは、
日本に比べたら、「恐っそろしく低い」と見てください。
また、中国は、いろんな自我率の人がいるので、微妙ですが、
まー、お好きにして下さい。

●そして、やってはならないのが、人口が増加し続けているアフリカと、
自我率が「最初から低すぎて話にならない」、特亜の「あの国」と、
そして、ロシアや中東あたりでは、避けたほうがいいのは、
「現在、紛争になっている地域」です。

これらの国では、1/8自我や、1/10自我が主流になりつつありますので、
そうした「自我をあまり持たない地域」から、募金を集めようとするのは、
よくありません。
集めるならば、「国民の平均自我率が高めの国」にしてください。
その国の政治と経済の状況にもよりますが、
もしも、ごくごく単純に考えますと、「出生率がどんどん低くなっている国」の方が、
高い自我率を持つ、提供地域が多くなる傾向がある「か・も」しれません。
ただし、あくまでも「傾向があるかもしれない」という話です。
次の表を、ひとつの参考にしてください。

■世界の国の出生率の一覧表。
↓

http://memorva.jp/ranking/unfpa/who_2010_total_fertility_rate.php

というわけで、
実習者の皆さんにお届けする呼びかけをする為の「釣り場のポイント情報」でした。

■全世界では、
年間で、「約6000万人」が死亡し、「約1億4000万人」が、生まれています。
つまり、国によっては、出生率は下がっていても、
自我の希釈・分割は、今も、のうのうと続けられているのです。

真夜中に、この「狂気の世界」から離れ
「独り」になる時間を持つ事

●人間にとって、最重要であることは、
「自分が何であるか」と「外部世界が何であるか」、
この二点のみです。
それ以外のものは、すべからく単なるガラクタに等しい。
ただし、
この自分が何であるか、と、外部世界が何であるか、という問題に直面する時に、
本やら、他人からの聞きかじり、あるいは自分の記憶、
そういったものをいくら寄せ集めて、自分に対して知ったかぶりを
したところで、あなたにとっては、明日の朝から何が変わるわけでもなく、
翌日も、今日と同じ、職場、家族、諸問題が、
そこで繰り返されるだけです。

●この世界が何であるかということと、自分が何であるか
という問題は、いくら本を読もうが、歴史を学ぼうが、
天文学を学ぼうが、脳神経学を学ぼうが、心理学を学ぼうが、
哲学を学ぼうが、座禅や瞑想ごっこをしようが、決して、知ることは出来ません。

●実際には、それを知る方法は、そうしたガラクタを一切廃することで、
それを知れる可能性が出てくる「門」が、ゆっくりと開きます。

●いつも私が言うことですが、
「慣れ」というものは恐ろしいもので、
ある意味では、慣れるという現象があるおかげで、
人間は、日々、発狂しないで生きているのですが、
逆に「慣れすぎる」というのも、一種の発狂状態であることには
変りありません。

●慣れたものを「現実である」と取り違えるのは、人間にかぎらず、
生命の持つ癖のひとつですが、
人間が自分が何であるかということを模索するときに、
自己同化しやすいものは、次の四つです。

1-あなたが知覚している内容。

2-あなたが行動している内容。
3-あなたが思考している内容。
4-あなたが記憶している内容。

●たったこれだけのものの総体が、人間が自分が何であるかを
かろうじて、「思い込むことの出来る素材」に過ぎません。

●それで、いつも言うことですが、
実は、他人を見るときに、私はこのどれひとつにも、興味がありません。
その人間が何を知覚しているか（これはやや興味がありますが）
その人間が何をしたか、何を考えたか、何を記憶しているか、
これらは、全く私にとっては、無意味であり、関心をもてません。
私にとって最重要であるのは、
その人がどういう意識の「あり方をしているか」のみです。

●「この部分」は、実は、その人間の記憶でもなく、
思考でもなく、知覚でも行為の種類でもないからです。
だだし、長い歳月での知覚、記憶、思考、行為による汚染度が低い人ほど、
意識の部分は、原初のままで保存されていることが多くあります。
ようは、行動派でもなく、思考派でもなく、記憶力が良いわけでもなく、
さらには霊感を含む一切の知覚力もそれほどない、
そんな状態の中では、むしろ原初の意識は、生き延びていることが、多くあります。

●最近では、ここにその人の自我が原型であるか希釈物であるか
という問題も加わりましたが。

●だから、
「自分が何であるのか？」
「一体、ここで何をしているのか？」
「本当にこんなことはする必要があるのか？」
「そもそも何をしに生まれているのか？」
「そもそも生存に価値などあるのか？」
「宇宙も含む外部世界が何であるのか？」

こうした問題に取り組むときに、
私は一環して、皆さんに、繰り返し、同じことを薦めてきました。
それは、「一人っきりになって、自分の記憶、行為、思考、知覚」から
離れる時間を持ちなさい、ということです。

●それが「最も可能」なのは、時間帯では、
おおよそ、夜中の2時から4時までです。
それ以外の時間帯でもいいですが、なるべくならば、
静かな環境で、誰とも接する必要のない夜中が適しています。

そして、部屋を決して明るくしてはいけません。
手元の字が見えるか見えないか程度のごく小さな明かりにするか、
または、窓からもれてくる光程度の暗さで良いのです。

●その「薄明かり」または暗い部屋の中で、
じっと自分がそこにいることと、自分の意識がそこにあることと、
そしてどうやら世界なるものが、自分の周囲にあること、
その単純な事実だけに向き合いなさいと私は言ってきました。
そこに決して、ガラクタの精神世界の読みかじりの内容や、
くだらない社会やら、家族のことやら、明日のことやら、昨日のこと、
くだらない宗教も、魔術も、霊感も、何も持ち込んではいけません。
それらを持ち込むほどに、そこに歴然とある本質を見逃してしまうのですから。

●こうしたことは誰にでも可能な、
人生の中でも、他の何を犠牲にしても、最も重要な時間であるにも関わらず、
多くの人たちは、毎日のように、まるで麻薬中毒患者のように、
何かをせずにはいられず、何かを考えずにはいられず、
あげくには、黙って座って不安になっていればいいものを、
子供じみた瞑想ごっこや、座禅ごっこを始めます。

私が言っているのは、そこに在るものに「身を浸せ」といっているのであって、
あなたが、何かをそこで知ったり、得たりするためではありません。

逆に、得たり知っていたと思い込んでいたものが、
ほとほと、単なるガラクタだったことを思い知り、
また、それとは関係のない意識にあなたを戻すために、
こうした時間を薦めているわけです。

●たとえば明日は仕事がない日だとします。
その前日の夜でしたら、あなたには、なんと、4時間でも半日でも、
**「自分が何であるか？」、「世界が何であるか？」、ということ
じっくりと取り組む時間があるわけです。**

**そんな重要なことをさしおいてまで、
一体どんな重要な用事が、あなたにあると言うのでしょうか？**

こうした問題は、あなたが死ぬ直前になってから考えればいいものでもなく、
あなたに死が迫ったと自覚したときに考えればいいものでもありません。
そんなときに考えるとしたら、とっくに手遅れです。
だから、これを見ているあなたが何歳であっても、
それは、今、今日、感じて、考えるべきことです。

●その問題（自分と宇宙）に、一人っきりで向き合うこともせずに、
あなたが、何をどれだけやってようが、どれだけできようが、
何をどれだけ知っていようが、
何をどれだけ霊視できようが、全く無価値です。
少なくとも、私にとっては。

●だから、夜の暗闇や、薄明かりの中、
あなたに何もすることがない、何もする必要がない、
という環境をどれだけ多く持っても構いませんから、
その中で、根本的な問題を自問し、
あれやこれやの屁理屈で自分を慰めて翌日を生きる前に、
自分にたいして一切の慰めを持ち込まず、精神世界を持ち込まず、
最も重要な、「あなたの本当に自由な時間」の中に身を浸してください。
私が言うところの、

「あなたの自由な時間」とは、
あなたが、「何かをする為の自由な時間」ということではなく、
また、あなたが、「何かを自由に考えられる時間」ということではありません。

あなたが、行為、記憶、知覚、思考などのガラクタから、
「意識を自由にすることの出来る時間と環境」という意味です。

だから、私は、それが最も可能なのは、
あなたが落ち着ける「あなた自身の部屋」よりも良いところはない
というのです。
そういう意味では、寺や寺院など、糞とカビのはびこった、不浄な場所に過ぎません。

●もっとも神聖な次元に対して、扉が開く可能性のある場所。
それは、あなた自身がたった一人で、
しかも、少なくとも数時間は、誰にも邪魔されず、
「心底落ち着ける」場所です。
ただし、そこで何かを考えたり、何かをしてはいけません。
「自分がそこにいること」と「世界が外側にあるらしいこと」
この単純な事実から起きる、あらゆる疑問や、知覚や、問いの中を漂いなさい
ということです。

無明庵の基本概念

以下は無明庵で定義されているごく基本的な概念です。

【進化とは？】

●進化なるものは「あり得ない」ものとして否定する。

魂の進化などは無論のこと、身体的進化もあり得ない。
そもそも「進化とは何か」という定義が前提として明確でないならば、
この論議は成立しない。

そこで「環境適応能力」が進化であると仮定するのが生物学だが、
一つの環境への適応は「必ず他の能力を犠牲にする」という意味から、
総合的には、それは進化とは言えない。
その場しのぎの「延命」としか呼べない代物である。
蛇足ながら、以前からよく指摘するように、進化速度と適応能力が
最も速いのは、ウィルスである。
彼らは薬に対してもたったの一年後には耐性をつけるといった芸当をやってのけ、
さらには、もしも宿主を殺してしまった場合には、
宿主を殺さないようにして利用し、寄生し続ける為の形に変化する。

■また生き延びるかどうか、という事を、
もしも進化の第一次的な意味として進化を定義すると、
この段階で、一切の精神性や美学や宗教は崩壊し、
物事は至って簡単な「弱肉強食を絶対の法則とする」の論理になるが、

この場合には、生存の意味（存在し続けるそもそもの目的そのもの）が
全く問われていないままの結論に過ぎないという、いびつな論理と化してしまう。

●無明庵では、そもそも進化という概念が、
多数の宇宙で、勝手に定義づけされる「その動きそのもの」が、
宇宙の「延命の為のツール」と定義されている。
つまり「進化という概念」の模索と、
そして「なぜ我々は生きているのか」という問いの繰り返しの

「思考」そのものが、宇宙では、宇宙の延命の為の「燃料」として、とっくに大昔から、
利用（悪用）され続けているということである。
つまり、「進化する為に、生命や物質があるのではなく」、宇宙の無目的な、
単なる延命の為に、
「進化すべきなのだ、進化は存在するのだ」という「幻想」が利用されている」
というのが正しい視点である。

【ではその宇宙とは何か？】

●困った問題を抱えた「不良品」として定義される。
宇宙に存在する唯一の目的は、手段を問わず、ただ動き続けることである。
いわば、自転車操業的に、いったん始まってしまった宇宙は、
たとえ、それがとんだ間違いの結果の、不良品だったとしても、

企業と同じように、いったん存在を始めたものは、その存在意義を問うことからは
常に逃避し続け、物質的にも、心理的にも、化学的にも、霊的にも
「動き続ける癖」を必ず持つ。
宇宙の全次元が、そうまでして、動き続ける唯一の目的は、「消滅の回避」である。

なぜか全能であるはずの、宇宙の創造主ですら、
その宇宙の消滅は、「痛い」らしい。
つまり消滅は、常にどれだけの絶対的な
「中心者」であっても「苦痛」や「恐怖」を伴うようである。
ただしこの恐怖は、「絶対光の領域に住む意識」にのみ起きる恐怖であり、
闇を主体とする意識には起きない。

【地球の人類とは？】

「作物」または「燃料を生産する生物である。
その作物から抽出される成分は、精製されたのちに、
その目的で地球の人類を作った存在たちの服用する「薬品」となる。

人類からの主な抽出物は「感情」であり、

知性や理性が行う思考は、その内容や結果は全く重要ではなく、
その過程と結果として人間の中で合成される「感情」の方が、
彼ら（収穫者）にとっては重要である。

【人間は宇宙意識を持つか？】

残念ながら「Yes」である。
あえてここで、「残念ながら」というのは、
もともと地球上の人類のような下等類人猿に、
原初の意識の断片をインプラントした最大の理由は、
それが元に戻ろうとして葛藤を生み出し、
しかし、永久に元には戻れない、という人間の「もがき」から
彼らに必要とされる薬品の原料が抽出できるからであった。

つまり、精神世界で、まったく証拠も根拠もなく、
まことしやから言われているような、
「魂の学習」も存在せず、
「普遍的なカルマの法則も存在せず」、
「何かの学習を経て、根源に回帰する」という期待も誤認であり、
なおかつ、人間が神の一部としてこの世界を経験する端末である
などという、全くの「ご都合主義」で、
人間が、さも喜びそうな妄想は、
全く「事実無根」の夢＝幻想である。

**人間に注入された高次意識の断片の目的とは、
それが決して原初回帰しないという原則によって、もがき続けるように
設計されているのであり、善意から断片を仕込んだわけではない。**

●ただし、そこには設計者すらも予想外の「副作用」が生まれるケースが
稀に存在する。
それが大悟である。
この場合には、高次意識の断片に支配される側ではなく、
その断片それ自体が主要な意識の立脚点となってしまう。

ただし、これは、非常に稀な現象であるために、
大局的に見て、危険性はないバグとして彼らには「無視」されている。

【人間よりも高次な存在は在るか？】

●「有り余るほど」である。
ただし、彼らの一部が仮に、ある程度自由に、時空間を移動し、
かつまた、恒星や銀河系のひとつやふたつ、捻りつぶすように破壊したり、
あるいは創造できたからといって、
彼らと人間の間に、さほど大きな違いがあるわけではない。
大きな違いと言えば
原初意識の含有量と、知覚範囲と、生存技術の差であるが、
原則的には、彼らも「生存」の意味を問うことをせず、
それぞれが勝手に認識した善悪や宇宙観を語ることもある、
という意味では、彼が、偉そうに言う理念や宇宙に関する考え方などは、
この地球に存在する、有象無象の新興宗教と大した差はない。

客観的事実というものが、「集団的な主観的事実」に過ぎないのが、
この宇宙の基本構造であるために、
信じるに値する宇宙の理想や目的なるものは、
この宇宙のどこの宇宙へ旅をして探索したとしても、「皆無」である。
もともと「それ」（宇宙が存在している正当な目的）が存在しないのだから、
当たり前のことである。

●ここで、余談であるが、
前述したように、「大悟」という現象は、地球での、
人類という作物産業の基本方針からすれば、
極めて低品質の製品を生み出すために、駆除されることも多い。
ただし、その大悟者の言うことによって、勝手に葛藤し、
思考や感情を回転させて発電する人間が増加するという現象が、
過去にたびたび観測されたために、
彼らは、その「二次的な生産効率の良さ」を理由に、
大悟者＝（奇形植物）を廃棄処分しないケースが多く見られる。

【分割自我】

●自我の希釈が始まったのは、正確にはいつごろであるか不明だが、
比較的近年では、増加したのは西暦の1500年ごろからである。
この主目的は、別の惑星や恒星において、よく行われることもある
「自主性に基づいて、意図的に行われる自我の分割」ではない点に注意。
つまり、地球で行われたのは、自我を持つ人間に許可を得ていない、
強制的な自我分割であり、仮に、生まれる前の契約の時に、
希釈自我であることを契約条項に記してあったしても、
そもそも、自我を分割販売することそのものが、違法行為である。
（買った方よりも、売った方が悪いという論理）

●自我を希釈して、分割自我という器（乗り物）を製造し、
それと人間の意識を契約させた唯一の動機は、
「納品数の偽装」のみである。
いかなる善意による目的も大義名分もそこには発見できず、
単に地球の管理者が、買い手に売却する「感情という資源」を
生産している人類が、順調に増えている（他から移住した）という
「偽装」をしているに過ぎない。
つまり人気の全くなくなった遊園地に、客が来ているかのように偽装するために
来園者のクローンを作ったようなものである。

●その結果、個々の人間に起きた害悪は以下の通り。

1-自我が希釈されたために人間というものを経験する場合の
　意識的経験度が極めて薄くなった。
　つまり、葛藤や複雑な感情すら生産しない製品となったために、
　これでは良質の「薬品原料」を得る為に人類を作った目的からすら
　本末転倒である。

2-例えて言うならば、電圧が低ければ、せっかくの電球も
　本来の輝きに至らないというのと同じで、
　自我が1/4になってしまっては、電球自体に問題がなくても、

それは本来の輝度の光量を発することが出来ない。
人間の中においては、これは精神的観察能力の低下や、実感の欠如を生み出す。

3-また、電圧が低いということは、分かりやすく喩えれば、
本来その家電製品が持つ機能のうち、
いくつかの主要な機能が動かない、というのに酷似する弊害をもたらした。
人間の中においては、これは判断ミスを引き起こす主要な原因となる。

4-希釈自我では、大悟は絶対に不可能となった。
（分割自我の比率に応じた、中悟と小悟までが限界）

●これらの弊害を、もっと具体的に言うと、自我が希釈された場合には、
自我の希釈を想定していなかった次のものが人間に対する効力を
著しく失う。

1-主に16世紀以前に作られた「あらゆる種類の魔術体系」。
また16世紀以後であっても、全自我の人物によって作られた
魔術体系の「全て」。

2-全自我であることを当然の前提として作られた、
悟りの体系や瞑想体系の「全て」。

これらの効力が完全に失われたり、または分割数と同じ比率の効力しか
持たないという結果となった。
もっとも分かりやすい結末としては、大雑把に区切った場合だが、
16世紀以前の古今東西の、全種類の「占術」「予言」の類のものが、
現時点でさえ、（社会ではなく）個人に対しては、どんどんと当たらなくなるという
ことである。

【自我の復元は可能か？】

●さて、これまで書いた事のうち、いくつかは、
私には全く関係のないことであり、宇宙それ自体がそうである以上は、

変更不可能な「不幸」であるが、
ただし、「分割自我」という「製品偽装」の結果からは、
人間の意識の悟りの問題に関するエリアでの「研究妨害」をこうむった
という実感がある。(言うまでもなく「個人的」実感である。)
なにしろ、悟りには、その前提となる全自我が必要不可欠だからである。

●また自我が本来持つ、作物としての可能性を損なった、
という意味では、別に私ではなくて、銀河系の公的機関によって、
その首謀者は罰せられ、処分されるべきである。(と私個人は考える)

●現時点で考えられる「改善策」とは、物理的な次元では、
地球上の人口を、現在の20分の1にまで減らすことであるが、
単にそれだけを行っても、自我の希釈は止まらない。
よって、死後のシステムに存在する「不正行為」そのものの
首謀者を追放または、適切に処分した上で、
地球の個々の人々が死んだ後には、その全員が、
必ず「元の全自我に復元される」という自動的なシステムを新しく作る必要がある。

それは地球の人々が大量に死ぬまでの、あとわずかな期間に、
早急に、それに間に合わせるために、作らなくてはならない。
しかしそれは不可能であるので、個人レベルで「自我復元法」を行うこととなった。

●なお、現時点では、「分割自我」を行った「主犯」は逮捕や処分されておらず、
よって、現時点のままでは、皆さんが死んだ場合に、
「全自我に復元する」ことが保障されない。
保障されないどころか、
今のままでは、何度死んでも、決して復元されない可能性の方が遥かに大きい。

●さて、では、どうするかであるが、
このような話を、「御伽噺」としては聞き流せても、
実感など出来る人は、70億の人類が存在しても、皆無であるために、
残念ながら、誰にも相談できない「個人的な悩み」として、
この全人類に降りかかっている大問題（正しくは「問題意識」）は、

**現時点では、このちっぽけな、たった一人ここにいる、
私の中に存在しているのみである。**

●地球を作ったり、管理している人間以外の、
いろいろな利権者や既得権を持つ存在たちの立場になってみてさえも、
「人間の自我を希釈して、バラ売りした犯罪」だけは、
誰にとっても利するものはない、という認識だけは、（犯人以外の者たち）の間では、
共通しているだろうと私は見ていますから、
なんとかして、今後人間が死んだ場合に、
死後に、全ての人間が全自我に復元される「プラント」の製造ラインを
作らねばならないということですが、それが不可能なので「自我不復元法」に
力を注ぐこととなった。

【結語】

●世間で一般に論じられたり、
または、精神世界の電波情報を根拠にして論じられるところの、
地球上に存在する過去から現在に渡る「人類史」の見方と
その「評価または酷評」は、一体何に基づいているのか？というと、
それは主に、社会学や、環境や食物の変化や、
あるいは、人類の価値観の変化を根拠に論議されることがほとんどである。
たまに、今回私が書いたような観察よりも、「もっとわけのわからん」、
精神世界の戯言や「高次からもたらされた」と称する「イタコ情報」が
あるようだが、どれも説得力は全く欠落している。

●かくいう私自身も数年前までは、
人間の質の低下の原因を、社会変化や、あるいは家族単位での
機能不全に答えの一部を見出そうと試みた時期もある。
そしてその観察の中で、ゾンビと定義した人種や、
あるいはその主原因を家族問題にあるとも仮定してみたのだが、
整合性が疑わしかった。
しかし大きな一つのヒントとなったのは、人類全体の意識低下の主原因が、
実は、あまり複雑な社会的要因や生活環境の変化によるものではなく、

単なる「人口の異常増加」にあるという点であった。

しかしそれは単なる人口増加ではなく、
希釈されながら増産される人間の自我という現象に起因する、
質の低下であると結論した。

●つまり、全自我でなくなったこと、
これが、昨今、地球に蔓延した無意識的な状態、
暴力的な状態、愚かさの元凶であると私はみなしている。
この際、「個人的な責任」というのは、私から見るとあまり認識できない。
そういう点で、私はカルマも否定するのである。
意識劣化の原因は、必ずしも人間「個人」の責任ではないからである。
そのような自我の状態である場合には、
自己責任を取るその能力すらないのであるから。
その民族の信念体系に基づいて、カルマの法則なるものが
作動していたのすらも、それはあくまでも「かなり昔の話」であり、
それが作動する前提にも、自我が全自我である必要がある。

従って、簡単に言ってしまえば、全自我でない大半の現在の人々者が、
いくら自分の行為や思考を善良なものにしたり、
あるいは下劣で醜悪なものにしたところで、

昔とは違って、それから受ける「因果応報の反動」すらも、
希釈されてしまっているので、(あなたが勝手に決め付けたところの) 善悪どちらの
行為も、どちらにしても、それを通じた何らかの自覚すらも、
出来る可能性が皆無に近いということ。

●ただこの自我の劣化、自我の希釈、自我の分割は、
何もこの千年ほどの期間だけに行われたわけではなく、
遡れば、紀元前の時代においてさえ、その初期的な現象は見られると
私は考えている。(今日ほど酷くはないが)
かなり馬鹿なことを、かなりの大昔から人間はやってきた形跡があるので、
いつか最初に希釈自我が誕生したのが、いつどこでなのかを

探ってみたいと思っています。

●ということで、もしも、地球上の人類が、
「原型の自我の状態にさえ留まっていた」のであれば、
今日起きているようなトラブルの大半は、自然に存在しなかったであろう
と私は認識している。
多少の小競り合いや、対立や、産業の拡大や資源不足はあったとしても、
全自我であれば、もっと正常な解決法はいくらでも模索できたからである。
ようは、現在の地球の状態は、人間社会が原因でもなく、個人の堕落が原因でもなく、
自我が希釈されたというただ一点から起きた、無数の弊害であると
私個人は認識している。
よって、それを修復さえすれば、おのずと他の諸問題は、
今よりはマシな状態に終息すると予測している。

●もし、人間の自我を原型に修復できるのであれば、
あの、ヘドが出るほど「つまらない2100年」の世界を、
人類は経験しないで済むかもしれないと、ごく最近になって私は、考えはじめている。

一体いつまで
飼いならされているつもりか？

●たまに、西洋文化圏の外人さんからみると、
特に、私の精神世界に関するビデオや見解は、
「無神論者」なのかそうでないのか、判断できないようです。
親切に説明するのが、とてもうっとおしいので、
「私は、無神論ではないし、多神教は、多少は尊重するが、
ただし、一神教は狂信的なので、否定する」と言っておいています。

**だいたいですよ、この宇宙をくまなく探索したわけでもないのに、
どうして、こんな田舎惑星で言われている「一神」とかその概念なんか、
信じられますか？**

つまり、正しくは、スタンスとしては、
「無神論」「有神論」どちらでもないというわけです。
無神論というのは、はなから、哲学的な考察材料を放棄してしまうことにもなるので、
「料理」する題材としては、宗教概念は必要になります。

●さて、おそろしく地球の人々が、未熟で、幼年期の状態にある、ということは、
常に実感するのですが、とりわけ、その中でも、私が頭が痛くなるのは、
「宗教に対する妄信」に関して、ほとんどそれは精神病に近いという点です。
たとえば、私から見ると、地球を傍観している「通常仕様の生命体」は
地球の人間を見て、こう言っています。

「おい、なんであいつら、事あるたびに、自分で見えもしないし、
ろくに肌で明確に実感もしていない、そんな、神仏とやらに、祈ったり、
困るとすぐに頼みごとをしたり、自分を守護してくれるようにと、
アホづら下げて、手を合わせているんだい？ばっかじゃねぇーの？」

●はい、全くの阿呆そのものです。
断言しますが、精神状態としては、「異常」です。
あまりにも長い習慣と因習になってしまったために、
ローカルな神仏から、一神教のものから、
とにかく、問題は「単に観念的に信じているだけ」のものを
本気で、崇拝したり、そんなものに手など合わせているという「異常行動」です。

●仮に、日常的に、そうしたものを見たり、確実な感覚として
主観的に本人が感じ続けている（これもかなり怪しいが）のでしたら、
主観的に、そういうことをしても茶々を入れるつもりはありませんが、
**現実を見ると、彼らがそうした神仏やら、守護してくれる何かを
妄信する原因となったものは、そのほとんどが、
「単なる受け売りの教育」によるものに過ぎません。**

●かつてもっと古い時代には、確かに現在よりも、
自然霊の類や、ある意味では、ガイドとなる存在たちとの接点が、
ポツリポツリと生じた場所や人もいましたが、
それは、それらが完全に「日常的なものであった時代」であって、
そんなものが、「超常的現象」としてもてはやされる時代のことではありません。

●CD書籍の「宗教に汚染された地球人」でも明確に説明しましたが、
地球上に、宗教またはそれに類する信仰体系が生じた主な原因は
3つだけです。

1-かつて地球に接触した異文化の情報の残骸が、その後に
　神話に化けて、そこから宗教に変形したもの。
　これらの呼び名は「神話」で充分です。

2-ミディアム（霊媒）的な人たち、ようするにイタコが、
　主観的な、でまかせを言ったことが信じられて出来たもの。
　臨死体験報告もこれに類します。
　これらの人々の呼び名は「イタコ野郎」で充分です。

3-宗教とは関係なく、純粋に、個人が思索したり、瞑想した結果として
　できた体系。これらの人々のことは、宗教家ではなく賢者と呼ぶのが妥当です。

宇宙では無神論者が多数派

●「あなたは何かの宗教を信じていますか？」というこの手の質問に対しての、
私の答えは、微妙に難しい。
それでも、強いて言えば、私の回答はこうなる。

何かの意志・または本能・または「衝動」が、この宇宙を作ったことは間違いない。
ただし、その意志に「知的な性質」があるかどうかは疑問である。

**その前に、まず宇宙というものの定義は、
我々人間が知覚している時空間だけではないので、
複層の宇宙があることがこの論議の前提となる。**

次に、仮に我々が観測出来ている範囲の空間的な物質宇宙ですらも、
それをすべて設計またはデザインした何者かは存在しない。
小宇宙、銀河系、太陽系、惑星、そして惑星上の生物、
これらには、個別に分化した、設計者や管理者が存在すると推測される。
従って、一般には最上の次元に位置して、被造物の生死を支配する
権限を持つ者を絶対者、または神仏と地球ではイメージしているが、

私のイメージでは、**最高権力は、知能を持つ必要はなく、
知能を持っているという証拠もない。**
その最高次元から分化した意識ないしは知性が、
現在の宇宙の各部を作り上げた可能性が高い。
**しかし、それが高尚な意志や愛に満ちているといった
よくありがちな妄想は、その根拠を何ひとつ証明できた試しがない。**

■さて、無明庵サイトを見ている人の中にも、
いまだに、宗教を信じていたり、あるいは、宇宙意識のようなものが
あって、それが宇宙に何かの進化や、目的を与え、
我々人間にも、何かの課題を与えているのだと、
何の証拠もなく、全く曖昧に、漠然と信じている人がいるだろう。
たとえば、自分は地球という星の文化的な宗教ではなく、
宇宙の創造者のようなもイメージしているという人たちでさえも、
蓋をあけると、ほとんど地球のカルト宗教と大差ないのである。

■しかし、皆さんの認識が、そうなってしまった根本原因は、
言うまでもなく、チャネリングや、宇宙人とのコンタクトストーリーを
疑うこともなく、ファンタジーの一つとして、宗教の代用品として認めてしまった
ということが原因である。
はっきりと言えば、精神世界の中で、今日の劣悪な知性を生み出した、
その多くの原因は、皆さんの側にあるのである。

■つまり、皆さんは、マイヤーやアダムスキーのようなコンタクティーをはじめ、
その他のイタコ・チャネラーらが、口をそろえて、
まるで、この宇宙には、何かの神のようなものがその中心にいる、
と「思い込まされて」います。
たまたま、異星人のようなものが言う、創造主の概念が、
どことなく、地球の宗教のそれに「似ているようにも思える」という
ただそれだけの理由で、地球の宗教から、宇宙意識教というカルトに衣替えをして
しまった人たちも一部にはいるだろう。

つまり、「どうやら、たぶん……この地球で宗教が信じられているように、
宇宙の人たちもまた、宇宙の神に対する信仰に厚い人たちばかりなんだろう……」
とか、トンデモな幻想を持ってしまったのである。

■ところがどっこい、では、実際に多くの宇宙では、現実はどうか？　という事を、
「私の意識のいる視点」から語れば、こうなります。
私が知るところの、私が認識できた範囲の、宇宙の実像では、
知的生物の、約75%は、「無神論」である。
残り25%ほどが、何らかの信頼を宇宙に対して思い描いている、
いわゆる「信仰を持つ人々」と呼ばれる。

■**しかし、75%という大多数を占める宇宙の知的生物たちは、**
逆に、宇宙については、「まだ、その創生も、目的もわからない」と断言し、
また彼らは絶対者という概念も持っていない。

むしろ、疑念を持ったり、あるいは、未だ創造された原因や、

結末について、探索中、分析中であるということがほとんどである。

■つまり、何かといえば、子供みたいに、すぐにおとぎ話のような神話や宗教、
そして絶対者というものを自ら進んで信じたがるというこの心理傾向は、
地球にのみ見られるものであり、
私の知るところでは、この銀河系内ですら、そんな精神状態は一般的ではない。

その点でいえば、今日まで、チャネリングだとか、コンタクティーを通じて得られ
た「宇宙神話」というものは、それが地球人が、共感できるレベルのものだったから、
たまたま「類は友を呼ぶ」の法則どおり、
非常に地球人に受け入れやすい宇宙神話を持つ、少数宇宙民族だけが、
地球人にコンタクトをとれた、というだけの話である。

■一方で、その３倍近い、一般的な異星の知性体たちは、
創造者など信じてもおらず、宇宙に信頼もおいておらず、
宇宙とは、彼らにとっては、好奇心の対象か、あるいは、
感じている苦痛を軽減するための、挑戦対象でしかない。

■よって、何かといえば、宇宙のことも知らんくせに、
スピリチュアリズムで、アセンションを口にしたり、
「宇宙的」とか「宇宙のパワー」とか「宇宙の波動」とか、
「宇宙の法則」とか、ぶっこいている人たちのほとんどが、
単なる地球の宗教が、そのパッケージ変えただけのチープな精神論しか、作り出せず、
思い描くことすら出来ない。

■私自身は、子供（小学生高学年）のときから、まず最初に疑ったのが、
「魂の進化という概念と、絶対者という概念が、あまりにも曖昧である点」だった。
そして、今日、「悟りの意識のレベル分類」や、その後の「分割自我理論」を通じて
分かったことは、我々が見る世界も、我々か住む世界も、
別に、ごたいそうな創造者が作ったものではなくて、
現在の、この宇宙の誕生から、ずっと後になって発生した別の生物や
別の知性が、創造したり管理しているものに満ちている、ということである。
下手をしたら、地球の現在の大気成分ですらも、自然に発生したのかどうか疑わしい。

つまり、目的とする「生物プラント」にするために、
人工的に合成または、調整した可能性すらある。

■だから、私が、「強いて」であるが、精神の拠り所のようなもの、
にしているものがあるとしたら、
それは絶対的な闇と、絶対的な光という
全く相反するものを同時的に、扱っているということになる。
むろん、その絶対無にも、絶対光にも、知性や知能は何ひとつもない。
それは単に、原初の初期化合物を形成する為の二極でしかない。

●そして次に私が、やや信頼を置くのは、
私と同様か、私に似た「思考判断を、この宇宙に対してしている」、
そういう、ごく僅かな、宇宙における「知人たちのみ」である。
また、地球上におけるシンボリックな神話的な存在に対しても、
それこそ、フリーランスの記者のような、自由を持つ知性としか、
私は関わることを好まない。(そうでない場合も特例としてあるが)

■ただ、最後に、もう一度だけいいますが、
この宇宙では「信仰的な視点の色眼鏡」を通じて宇宙を観測している生物は、
わずかに 25% である。

残り 75% の生き物たちは、絶対の神や、宇宙を取りまとめる、
「何らかのブレない絶対的な法則」が存在することなど、全く信じていない
「無神論者」だ。
地球では、物質があまりにも、意識と連動した変化を起こさない性質を持っている
ために、とかく人は、「自然法則」が絶対的に思えてしまい、
その反映または「心理的な投影」として、絶対的な「宗教的法則」がある
かのように思い込んでしまったのである。
考えてみるといいです。

物質が意志では変化しないこの世界にいるからこそ、
皆さんは、地震や噴火や津波や、雷や嵐を、古来から恐れ、
自然としてあがめてきたのですから。

しかし、もしもそうした現象への意識の接続や切断が自由であり、
どのバーチャルな現実を選べるかが自由な次元に住んでいたら、
それだけ、私たちは、信じるべきものを喪失するのが、
日常的な精神状態になるのは、明白なことです。

■この惑星では、物質が安定化したように見える様相を持っていたこと。
それが地球に、「宗教的信仰」を蔓延させた最大の理由です。
もしも「考えただけで自分の主観内の現実環境が変化する」のであれば、
我々には、恐れる自然や、神や神々など、存在する必要がないのだから。
そうなれば、宗教などといった信仰心は、生ずる余地がない。
だからこそ、宇宙では、一般市民は、「無神論者」なのである。

ただし、その自由な精神を持つ時、その時に、我々が真に恐れるべきものは、
「自らの意識の限界」となる。
なぜならば、
そこでは、自分の意識の外部には、恐れる対象物など存在しないのだから。

●そういう意味に限定して言えば、宇宙一般という視野で見れば、
私の目から見れば、脱原発問題を語る、小出さんや、後藤さん、
ああした人たちのような、科学的かつ、当たり前に人間的な姿勢という生物の方が、
一般的に宇宙に存在する生物に思えます。
後藤さんや小出さんが、何かの宗教を信じているのかいないのかなど
私は知りませんが、少なくとも、現象を観察する時の姿勢は、
あれが、宇宙ですらも、当たり前の姿勢です。
そして彼らは、自分の専門分野ではないような、
分からないことは、「分かりません」と、はっきりと言う人たちです。

もしも、ああいう人たちに、精神世界やマッドサイエンスや神学を扱わせたら、
それなりに、やはりブレることなく、検証主義を貫くことでしょう。
ああいう人たちが、一般的市民として暮らしているのが、
正常な宇宙であるというのが、私が昔から知っている宇宙常識ですから、
皆さんも早く、自我を原型に復元して、
死後には、この惑星からは、いったん、退避することをお勧めします。

そこで、もう一度要点を分かりやすく言います。

1-■地球で発生した宗教は、その始まりからして、
地球の物質法則の安定性に由来する「恐怖心」に根ざすために、
地球の宗教は、その本質からして「物質的宗教」でしかあり得ない。
つまり、自分たちが動かせないほどの「大きな石」を見て、
その「大きな石」が転がってきて、自分たちの集落の住人を押しつぶしたら、
原住民たちは、その「大きな石」を神と崇め始めるのである。

2-■一方で、時空間が、定期的に(又は常に)不安定になるような世界では、
真の意味での精神性、または、
知的な視点を持つ生物が発生する事例が、この宇宙には多い。
つまり、自分の思考によって「どんどん変形してしまう石」を見れば、
原住民たちは、「その石」によって、いかにして遊ぶかを想い、
その石を神と崇める事はなく、「その石」を「玩具」として認識する。

または、いかにして、精神によって「その石」を安定化するかを
模索し始める事例が、この宇宙には多い。

実際、地球の宗教の言うことを、よく見てみると良い。
それらはすべて、自分たちの意志では、変えられない物質に対する
「不満の裏返し」で出来上がっている。
だからこそ、宗教が言う天国やら極楽なる幻想郷の多くは、
「想ったことが、かなう」といったストーリーで飾られている。
これらは、精神が物質によって、こてんぱんに束縛されていることを
意識してしまっている生物だけが、
その不満の反動として生み出す、願望である。

ところが、一方で、想ったことが最初から実現することを
日常とする世界に住んでいる生命にとっては、
想ったことが実現しない、という事の方が、
むしろ魅力的に思えたとしても、なんら不思議ではない。

ただし、どういう物事にも、「限度」というものがある。
地球の物理法則に対する人間の認識は、
その本来あるべきバランスの限度を超えてしまっている。

だから、精神の自由を持つ生物になるほどに、
絶対者や、創造神などという信念体系を必要としない。
極度に物質や物質的感覚と同化しすぎた者は、
精神すらも不自由に感じてしまい、その結果、
宗教、すなわち「神仏」という幻想に必死になって依存する。

ただし、この論理において、最も注意すべきことは、
たとえ、地球の宗教を見捨てたとしても、
別の何かの「信念体系」を簡単に信じてしまい、依存する
ということは、頻繁に起きていることである。

その「別の信念体系」への「ただの水平移動」の中には、
仏教、禅、魔術、宇宙意識教、アセンションカルト、そして、冒頭に述べたような、
チャネリングや、個人的なコンタクトストーリーに
根ざすものや、一見すると、絶対神を概念の中に持たないような、
タオイズム、道教、仙術、などもある。
場合によっては、単に「商標」が変わっただけで、
あいも変わらず、立派な「カルト的、狂信」が、
そこらじゅうに蔓延していることには、くれぐれも注意して下さい。

【絶対者は自らを絶対者と証明できない】

●こんな話がある。
1千個もの銀河系全体を統括する、「支配者（統合意識）」が存在した。
あるとき、支配下にあった生物たちは、その支配者に、こう質問した。

「あなたが、沢山の銀河系を支配する者であることは分かりました。
しかし、私たちは、あなたが、宇宙の絶対者や創造主であるとは

認識できません。そこで、もしあなたが、絶対者であると言われるのであれば、
その証拠を私たちに見せてください」

●すると、その支配者は、1千個の銀河系宇宙に加えて、
一瞬で、あと500個の銀河系を出現させた。
それを見た生物たちの三分の一は、その創世の様子を賞賛し、
その支配者を宇宙全体の絶対者であると思い込んだ。

しかし、残り三分の二の生物たちは、こう質問した。

「それだけでは、あなたが絶対者である証明にはなりません。
あなたは、単に、創造が出来るということを証明したにすぎません。」

●それを聞いた支配者は、「そういうことか」と、はたと思いついた。
そこで、支配者は、15000個の銀河系の半分を、一瞬で破壊して消し去った。
それを見た生物のうちの半分は、こう考えた。
「この支配者に逆らったり、ご機嫌を損ねたら、俺たちも消される」

そう考えて、それらの生物たちは、自分たちの保身の為に、
その支配者を、とりあえず、全宇宙の絶対者として認めるフリをすることにした。

●しかし、最後に残った、三分の一の生物たちは、次のように質問した。
「あなたが、数千の銀河系を統括し、その生死を手中で支配している
ということは分かりました。

**しかし、あなたは、あなたの外側に、まだ無限に存在する全宇宙を
我々に見せたこともなく、また、それを支配して見せたこともなく、
そもそも、その全宇宙の空間範囲を我々に正確に示せたこともありません。
従って、あなたを全宇宙の絶対者として認めるわけにはいきません」**

●かくして、当時、全体の三分の一を占めていた「懐疑派の認識」が、
現在では、我々の住む銀河系を含む、750個の銀河系全体の「75%」を占めている。
これは、むろん、ひとつの「おとぎ話」である。

しかし、これこそが、私が皆さんの目の前に突き出す、
重要かつ、形而上学的な設問のひとつだ。
「この問い」こそが、あらゆる種類の学問の価値を論ずる以前に、
あらゆる種類の倫理より以前に、
あらゆる種類の生存行為の正当化よりも以前に、
あらゆる種類の理想や宗教や教義よりも以前に、
確定、または検証をされていなかったら、
そもそも、何ひとつも論議それ自体が正しく始まらないのである。
ただし、絶対視しようという衝動の対象となるものは、
神学的な概念である必要はない。
科学者であれば、絶対法則をその絶対視の対象としても良い。
すると、設問はこうなる。
　　　　　↓

1-「創造主、または絶対法則は、
どのような証明法と証拠によって、自らの絶対性を、証明できるか？」

2-「被造物は、どのような証明法と証拠によって、
創造主、または絶対法則の、その絶対性を、許諾できるか？」

■このように、この全宇宙の中では、信じるに値する絶対法則、
などというものは、ごく限られた範囲で定義されものに留まるが、
その中でも、無明庵で発見された、「限定的・絶対法則」は以下のような、
ある程度の「普遍性を持つ法則」であった。

宇宙における、生物、ことに有機体生物を支配する最大の法則とは、
　　↓
飢えを知覚する
　　↓
その飢えを苦しみとして実感する
　　↓
また身体が破損した時にも、苦しみを実感する
　　↓
その苦しみを、どうにかして回避しようとして悶える

↓
その悶えるという動きが、
その生物以外の者が利用するエネルギーや生成物として利用される。

●私に言わせれば、世界中の宗教と、精神世界の人々のうち、
99.99％の人々は、「原発の安全神話」を信じきっていたのと全く同じように、
「絶対神の安全神話」を、疑うこともなく、信じ込まされていた人々である。

その、信仰への信頼と言う名の「病的妄想」の中から、
一歩でも踏み出すために、「自我復元法」というものが存在する。
少なくとも、無明庵の読者の中で、既に、自我復元へと踏み出している人たちだけは、
この地球で、美辞麗句の虚飾に満ちていた「宗教と精神の進化論」を、
全く嘘っぱちであると知り、過去に、あのグループによる悪意と管理不備によって、
希釈されてしまった自らの分割魂（分割自我）を、自力で、修復してゆけばよい。

いいかげんに、自立したらどうなんだ？

と、私はいつも、この惑星の人達に言いたくなりますし、
出来ることならば、この点に関してだけでも、あと５年以内には、膨大な量の
「幼年期を卒業した地球人」を大量生産したいと思っています。

そもそも、「この自分以外の何者をも、自分の上には置かない」
という、生存意識として、ごくまっとうな基本姿勢に対して、
もしもその貴方の姿勢を、批判したり、なじったり、脅したり、とがめたり、
またその上さらに、ご苦労なことに、罰を与える存在などがいたり、
あるいは「天罰を下したり、見守る神仏がいるんだ」と、誰かに脅迫されたら、
「そんな、阿呆で低脳な奴が、私たちの上位存在であり得るわけがない」
と言い放って、縁をぶち切ってください。

●以前に、竹の間か梅の間か、忘れましたが、
もしも「守護してくれている霊だの神仏」だのを持っていたり、
そんなものに心の隅で頼っているとしたら、
全員、その守護霊を、自分の手でぶち殺すか、追い出せと私は言いました。

●人間が、いちいちそういうくだらない偶像や、想像上の「何か」あるいは、
仮に実際に、自分で霊視した結果だったとしても、
そういうものに、まるで、家畜や、子供のように、
あるいは、憧れのミュージシャンや教祖に、阿呆づらをさらしている、
そんな、劣悪な状態からは、もういいかげんに、卒業してください。

●もしも、私が皆さんの上位存在の立場にいたら、
そんなあなたたちを、ちっとも可愛いとも思いませんし、
見込みがあるとも思いませんし、助けたいなどとも思いません。
自分を崇拝したり、勘違いして、拝んだり、自分に頼みごとをしたり、
守ってくれと、手を合わせている馬鹿ども、
そんなものに、愛情や守護を注ぐような、存在がいたとしたら、
それは、**「いつまでも、人類を自立させないことを望んでいる者」**
つまりは「毒になる親」そのものです。

●私が今までに、この生の中で、主観的に接触した、人間以外の存在というのは、

それほど多くの種類はありませんが、確かに、いました。
しかし、その誰一人として、私に信仰を強いた者などいませんし、
何かを信じるように、強いた者もいませんし、
とりわけ、地球に存在するような、ゴミと嘘にまみれた宗教や、
その宗教が信仰対象とする、偶像や神話を信じるように命じたり、薦めた者など、
ただの一人もいませんでした。
しかもその上、「宇宙意識」とか「全体意識」とか、
そういうものにすら、私がそれに追従することなど薦めませんでしたし、
全く強要などしませんでした。

そもそも、そういう意識たちは
「宇宙に関する、多くの観念的部分が、錯覚の産物であること」
という説明の方が多かったです。

●広範囲の宇宙を担当したり、管理する者、
つまり、個々の宇宙や銀河系の管理者たちは存在しているようでしたが、
ただし彼らは、何も宇宙の住人から、
崇拝されたり、頼られるために存在しているのではありません。

単に、割り当てられた職務を遂行しているか、
あるいは趣味でやっているにすぎません。

●また、標準的な宇宙では、
誰も、自分以外の何かに、判断の「下駄をあずけるようなこと」はしませんし、

そもそも、彼らには地球の人間が抱いているような、
へんてこな「神や神仏の概念」など、ありません。

自分よりも上にいるであろうと想像している何かに、
上を見て、根拠もなく、祈ったり、頼んだり、頼ったり、願ったり、
そんなことをしている自分を、もしもあなたが、300年後、
どこか別の惑星にいる立場から見たら、
「あまりにも、恥ずかしくて、ブラックホールにでも入りたい」気分になること、請

け合いです。

「うぁ、馬鹿にも、ほどがある。一体、自分やあの地球の人間は、
なんていう、馬鹿なことを何千年もやっていたんだ」と。

皆さんが、未来には、そういうことになるでろあろうことは、
私は、100％保障します。

●それぐらい、「今の地球の心理状態が、異常な精神状態」なんですよ。
少しは、自覚した方がいいです。
「文化遺産」としては、神社や、寺院が各地に存在しますので、
建築としての文化、神話文化として、あるいは皆さんが、大好きなパワースポット
なるものとして、保存すればいいわけです。
何も進んで、否定したり破壊する必要はありませんが、
少なくとも、あなたの「精神の中」では、よくてせいぜい、
「隣人か、悪友」ぐらいに、それらに対して向ける意識を、
自分の知性で「変革」してください。

●いつまでも、幼児みたいに、
ご利益や守護なんて、欲しがっている場合ではありません。
ガイドとなり得る何かの存在と、あなたが、話をしたり、時には知識をもらったり、
そういうことは、「人間関係」と全く同じですから、良いのですが、
その存在たちが自分よりも上から、自分をどうにか支配したり、コントロールしたり、
褒めたり、罰したりする者だなどと、微塵も思ってはなりません。

無明庵の目的は、地球の人間の自立のみ

●ずっと無明庵でやってきた、私の唯一の目的は、人間そのものが、
いいかげんに、幼年期を脱して、
普通の宇宙市民として、成人してくれることだけです。
ですから、既存するどんな神仏あるいは、神話あるいは、
霊的な存在を主観の中で、現実として感じていたとしても、
あるいは、何も感じられないながらも、心のどこかで、
恐れていたり、なんとなく漠然と、信じているという状況にあったら、
まず、それらから一切あなたを切り離してください。

「ご利益を期待して、罰を恐れる」

こんな、あまりにも幼稚すぎる「異常な精神状態」だけは、なんとか脱すべきです。

仏像や教会を壊すとか、そういう器物損傷はしなくていいですから、
少なくとも、偶像に頭を下げたり、手を合わせるなんぞ、
「本気」では、決してしないでください。
やってもせいぜい、形骸化した形式上の形だけです。
(神社で、パンパンとか、その程度)
というのも、そんな行為をするかぎりは、
あなたは自分で、わざわざ自分を「家畜」や「幼児」の状態に、
貶めているだけだからです。

★今回は、詳しくはいいませんが、
あなたが、「神様、仏様、お願いです」と
そういう意識を何かに「向けた」、そのとたんに、
あなたを食い物にする、上位存在が、
そら、待ってましたと、あなたを悪用する、ということを覚えておいてください。
人間が、変に(どういうわけか地面の方向ではなく)
漠然と、上や空を見て、何かを願ったり、祈る、
この行為が、実は、もっとも根源的な「洗脳」の結果であり、
これをすると、あなたが馬鹿であることを、彼らに自白するサインなのですから。
これをやったら、「人間やめますか?」の世界だと思って間違いありません。

●そもそも、「自分以外の何者をも信じない」「自分の上には置かない」、

そういう連中であふれかえっているのが、正常な「大人の宇宙」です。
その中での、「横の関係であれ、縦の関係であれ」、
「関係や交流」というのは、あくまでも、「平行で、対等なもの」です。
むろん、中には、地球の人たちが作物や、微生物として作られたように、
「完全な主従関係」になっている構造部分もありますが、
それでも、本来は「自由な部分の意識」を部分的には持っています。

●何かに祈ったら、危険から守られて無事だったとか、
何かの奇跡的なことが起きたとか、だから、その信仰対象を信じるんだとか、
いいかげんに、この「精神病そのもの」みたいな状態からは脱してください。

まったくもってして、これでは、宗教や、坊主や教会や、
精神世界組織からすれば、あなたは、まさに「ネギをしょったカモ」ですよ。
そして、このあなたの、無知と弱さをカモにしたいと待ち受けている、
人間以外のヤクザみたいな亡者の連中も、大勢、神仏になりすまして、
あなたをカモにしていますから。

●全く無神論者であっても、
あなたが、せいいっぱいに自問し、悩み、宗教や精神世界に頼らず、
自分以外の者に、決して服従しない、という姿勢を貫いていれば、
その部分だけを最も評価し、それこそを好む人たちが、
かならず、あなたの「友」になります。
それが人間であっても、人間でなくても、彼らは支配者や、威圧者としてではなく
必ず「友」「単なる知人」としてあなたに興味を持つでしょう。

●もしも、今回、私が言ったことに、いちいち反論したい者がいたとしたら、
あなたたちの、大好きな人たちを事例にして、こう言っておきます。
クリシュナムルティー、和尚、荘子、
彼らの一体誰が、あなたに、神仏など「拝め、信じろ」と
一言でも、言いましたか？
これらの人々は、私が言うところの、

地球での宗教成立の「3番目の原因」に属する人たちです。
すなわち、彼らは、
自らの意識によって、自らを知った、あるいは、「自らの空性を体験した」、
という意味での「賢者たち」です。
断じて、彼らは「宗教家」などではありません。
だから、日本の禅寺なんぞ、クソ食らえなんですよ。
また日本や世界各地の全仏教が、そもそも外道そのものなんですよ。

もしもその寺に、何らかの仏像や偶像があったら、
その時点で、それは「妄信に基づく宗教神話」であって、
断じて、彼ら賢者らの知恵のある場所ではありません。

●私は、彼ら(賢者たち)を絶対視もしません。
もしも、そこから、宗教など作ったり、あるいは彼らを拝んだりしたら、
彼らがどれだけ悲しむか、または皆さんを影で冷笑するかを、
痛切に知っています。
彼ら(賢者たち)が唯一、皆さんに望んだのは、
何かを信仰したり、信じたり、待ち望んだりすることではなく、

「自分自身の経験や関係を通じて、
自分ひとりで考え、群れずに、自分ひとりで探求し、
たとえ人間以外の存在や、賢者であっても、
彼らを決して、崇拝したり頼らないこと」

です。そういうあなたの、
「標準仕様の宇宙」では、「ごくごく当たり前の姿勢」を、
罰したり、批判する権利など、この宇宙の誰ひとりとして、持ってはいません。
もしも、その自主の権利を侵害したり、妨害するとしたら、
そういう者たちを、粉々に、こてんぱんに破壊してでも、
あなたには生き延びる権利があります。

■もう一度だけ言っておきますが、
今日、あなたが、宗教上の、神仏、あるいは神話上の存在、

または、あなた個人が主観的に経験した、何かのガイドや守護者であっても、
それらに対して、今日、この日から、「人間と同じ扱い」をしてください。
挨拶も「こんにちは、おばんです、おはようさん」で結構です。
罵倒したり、馬鹿にして見下げる必要はありませんが、
「普通に人間に接するとき」と全く同じ、普通の礼儀だけで結構です。
一センチたりとも、自分より上の存在だなどと思ってはなりません。
それはたとえば、人間の知人と同じです。
何か特定の能力に関しては、相手はあなたよりも上かもしれませんから、
「尊敬」と「敬愛」の念を向けることまでは良しとしても、
崇拝と依存だけは、絶対にあってはなりません。
毎日、拝むなんぞ、もってのほかです。

だから、本日かぎり、
「まったく面識のない人間と接する程度の礼儀とマナー」を維持しつつ、
彼らを決して、自分の親や、絶対者や、守護者としては、みなさないでください。
それでもしもあなたを見放すような存在であれば、**その存在者たち自身が、
その程度の「阿呆」だったということにすぎません。**
また、もしもあなたが自分の中で、そうすることに変な罪悪感を
持っていたら、あなたに何かの不幸に見えることが起きても、
それはあなたの妄想による自滅、ただの自爆に過ぎませんので、
間違っても「罰を受けた」などと勘違いしないようにしてください。

**また仮に、自立しようと決心したあなたを
本当に罰したり、不幸を与えるような、神仏や教祖が万一にも、いたとしたら、
その時点で、「彼らがろくでなしの阿呆」であったことが
証明されたと思って間違いありませんので、
即刻、彼らから離れて自由になってください。**

今のような、そんな、
ママの乳房にしがみつく幼児のような状態のままでいる方が、楽だと思うか、
それとも、自立して宇宙で「成人した生命体」として生活するか、
それは、あなたが決めることです。

巻末資料
自我復元の為の呼びかけ方

【イメージする作業】

■睡眠に入る時に、横たわってから、
日本列島を上空から見ているイメージをしてください。

■毎分４人の割合で、人間が他界しているという事を想像してください。

■そして次のような言葉を、声に出さずに言って、頭の中で呼びかけてください。

【頭の中で唱える作業】

日本の中で、今この瞬間に、「生と死の中間状態」にある人で、

ご自分が、もうすぐ確実に死にゆく事を、自覚している人たちに、

お願いがあります。

あなたの自我を私に少し譲ってください。

理由は、現在の地球の人々の自我は、

本来あるべき、元の大きさではないからです。

それを元の自我に戻す必要があります（約４分から５分続ける）。

■翌日、起きた直後に、
自分の周囲にある重量感のある配を、まず土星のリングのようにイメージし、
その後で、そのリングの前方向に自分に向かう流れを作って、
自分の胸の中心に引き込む。（約２分）

巻末資料　自我復元の為の呼びかけ方

■自分の胸の中心に大きさを感じる「かたまり」が生じた感覚がしたら終了。

★重要な追加事項-1

なぜ自我の取りこぼしがあるのか？

****

●さて、自我を集めて回収したときに、「取りこぼし」が生じている
という話を以前に「梅の間掲示板」でしました。
回収してきた元の自我がどう考えても、
まさかこの世界に1/8以下の自我ばかり、ということもないはずなのに、

10回、回収しても、1/2自我にすらならない事があるという
今まで「謎だった現象」です。

●この点について、私のこの探索の協力者と、ずっと検討とテストを
していたのですが、ほぼ確実な結論が出ました。
また、解決法（改善法）も見つかりました。

●ここから私が話すことを、注意して、よく聞いてください。
「自我という障壁＝器」を構成している霊的素材は、
本来は、「死後の世界」でしか取引きしたり、扱うことは出来ません。

次のようにイメージしてください。
自我の素材は、「氷」や「ドライアイス」のようなものであると。
そして、私たちが生きている、こちらがわの世界は、
気温20度とか30度の世界で、
一方の死後の世界は氷点下の世界であると。
（むろんこれは、分かりやすくする為の単なる喩えのイメージです）

●そうなると、死後の世界にあるべき、その氷を取り外して、
こちら側の世界に運ぼうとするときに、
その氷（自我の素材）は、外気にさらされることになります。
その為に、溶解や気化が起きるのです。

●幸いに、全部が融けてしまうわけではありませんが、
かなりの部分が、気化または溶解してしまっています。
その為に、持ち帰って自分に回収したときには、思ったよりも
遥かに小さくなっているのです。

●これが起きてしまう最大の原因は、既に言ったように、
自我を構成している素材が、氷かドライアイスにも例えられるもので、
死後の世界の温度＝（周波数と言うべきか）では損傷はなく、
あるいは、私たちの住むこの世界でも、
個人の内部に保存されている分には、問題はないのですが、

それを取り外して「この世界で移動して運ぼうとする」と
こちら側の周波数＝（霊的温度ということも出来る）にさらされて、
損傷を受けるのです。

●自我が、そのように、私たちが住む、こちら側の世界で、
個人の内部から取り外したり、外気にさらさしたときに、
融けてしまうというのは、しごく当然の法則です。
というのも、もしも、自我がこちら側の世界で、
取り外したり、ある人から別の人に移動したときに、全く損傷なく
その形を保っていたら、とんでもない現象が起きてしまうからです。
もしも、そのような状態であったら、皆さんは、
（人間を改造した側の存在にとっては、）固定されているべき自我の器が、
毎日のように変化してしまいます。

●それでは、日々の私たちの生活で、無意識下で、情報交換がされたり、
俗にいうところの気が交換されたり、伝達されたり、あるいは俗に言う、
憑依現象などが生じるときに、
その時に、自我の一部までもが、それに付属して移動してしまう
ということになるからです。
しかし、そのような現象は、この世界で、
（非常に特殊な例を除いては）、ただの一度も起きたことはありません。

●人と人との間、あるいは人と自然界や、人と霊的世界の間で、
伝達されたり、変動するのは「情報やエネルギーのみ」であり、
「自我を構成する霊的物質が
（これ以外に言い方がないので仮にこう言います）」、
私たちの住む世界で、交流したり変動することは「決してありません」。

●これ故に、皆さんが、今、自我の復元作業を行っていても、
決して回収した自我の「パーソナリティー」は、
皆さんに転移しないのです。
自我の構成物質には、パーソナリティーは全くありません。
ここが、普通の霊的現象や気などと全く異なる点です。

普通の霊的現象の場合には、
あなたが拾ったり、他人からあたえられたり、
あるいは、良くも悪くも他人や環境から受けたエネルギーには、
エネルギーの「質」や、個性が含まれます。
ですから、その質や相手の個性の影響を、あなたは受けてしまいます。
しかし回収した自我は、どこからどう回収しようが、
個性を持たない、単なる「素材」です。

●自我を故意に設計して作った人間以外の者たちや、
現在、自我を分割して切り刻んで希釈している者は、
私たちが生きている、こちら側の世界で、
自我が混合されたり、分離されるといった混乱が決して起きないように、
自我を構成する物質は、
もしも、私たちの住む世界の中で、取り外したり移動しようとすると、
外気の温度差に喩えられるような「環境差」によって、
「すぐに融けて気化してしまう」ように設定したわけです。

●次元や温度の違う世界で機能している物質同士が、
もしも、別の次元の周波数に触れると、
融けたり、気化して消えてしまう、というこの現象は、
ご存知のように、物質の世界ですらも、頻繁にあります。

＊＊＊＊＊＊＊＊＊＊＊＊＊＊＊＊＊＊＊＊＊＊＊＊＊＊＊＊＊＊＊＊

●さて、では、そんな不利な状況にある私たちは、
一体どうしたらいいのでしょうか？
答えはとても簡単でした。

もしも、あなたが自我を拾ったら、
すぐに「クーラーボックス」のような容器へ入れてください。
そして移動中も、クーラーボックスの中に保存して移動し、
ボックスの蓋をあたけら、すぐに体内に回収してください。
注・(この時に、ボックスから「あのリング」に直結して入れて下さい)

●そして、このクーラーボックスは、むろん皆さん個人が、
ご自分の好きなイメージで頭の中で描いてください。

もしも、宝石箱みたいな外形がいいのでしたら、そうしてください。
医療用のクーラーボックスや、
釣りの時のクーラーボックスでもいいですし、
なんなら、
ジュラルミンや、アタッシュケースのようなイメージでも、構いません。
重要なのは、その「ボックスの中」では、回収した自我は、
「決して、融けない、気化しないのだ」という、イメージ付けです。
そのために、ボックスは、ある程度強固な外壁を持つ素材で出来ている
イメージである必要があります。
(その点では、木製の箱のイメージは、機密性が、少し弱いかもしれません)

●この時に役立つのが、自我を氷に喩えることです。
氷を外気温30度の世界で扱えば、どうなるか分かるはずです。
ですから、皆さんが各自で好きにイメージした、
その「冷凍保存のイメージを伴うボックス」に自我を入れ、
それに入れて運んできて、そこから出して、すぐに体内に取り込むんだ
というイメージを形成しておいてください。
注・(再度言いますが、この時に、蓋を開けたら、まずリングに、
直結して吸収してください。)

●これは現在の、眠る前に行う自我復元法の時に、
補足的にイメージをしても構いませんし、
昼間、それとは関係ないときに、イメージを固めておいても構いません。
とにかく、この「ボックスに回収して、ボックスで運ぶ」という、
イメージの「条件付け」を、
今までの復元方法にも必ず加えてください。

●ここ一ヶ月ほど、ずっとその事を検討してテストしてきましたが、
その結果、無事に運搬され、回収される自我の量は、倍増」しました。

＊＊＊＊＊＊＊＊＊＊＊＊＊＊＊＊＊＊＊＊＊＊＊＊＊＊＊＊＊＊＊

●なお、DVDで説明しました、分割自我復元の作業に伴い、
ほぼ必ず皆さんに起きる、「典型的な特徴」が、

1-夢の内容の中に「いくつか、起きます」。
2-そして現実生活の中での変化が「いくつか、起きます」。

しかし、これについては、皆さんが先入観を持つと良くないので、
ここでは書きません。
自我復元の作業をした人たちからの、その報告を私が読んで、
それが上手くいっているのかどうかを診断するときにだけ、
その典型的な特徴と照らし合わせています。

＊＊＊＊＊＊＊＊＊＊＊＊＊＊＊＊＊＊＊＊＊＊＊＊＊＊＊＊＊＊＊

●以上、短い内容でしたが、本当に重要な方法であり、
重要な「次元間法則」なので、必ず、持ち帰るときに、
「保存用のボックスを使う」というイメージをしっかりと、
築いておいてください。

古今東西の、魔術の世界では、当たり前の事ですが、
「ただのイメージ、されどイメージ」です。
人は心に想ったもの、想像したものが、明確であるならば、
それを必ず引き寄せます。
ただそれを、明確に想えない人と、そして、
自分で引き寄せたものであるのに、それを受止められない人がいるのみです。
もっと正確に言えば、自分がなぜそれをイメージしたのか、
という自分の欲望について、無自覚でありすぎるために、
本心とは全く違うものをイメージしている場合も、よく見かけます。

また、せっかくイメージして、望んだものがやってきたのに、
なんと、あまりにも無意識すぎて、それに気づかない結果、

巻末資料　自我復元の為の呼びかけ方

チャンスを、どんどん逃がしているという、ケースも多く見ます。

●しかし、今のような、自我の、ひどい希釈がされる前には、
本来、全自我の人にとっては、俗に言う願望実現など、
「出来て当たり前のこと」だったのです。

****

★その他の注意点
1-神社仏閣やパワースポットでは、これを頼んだり願わないこと。
2-自室でも、声に出しては、前述の文言を決して、言わないこと。

■第二の重要な変更■

変更1

ターゲットは、日本に限らず、日本以外の国でも良い。
ただし、漠然と世界地図を想うよりも、
国境線や大陸単位で、地域を限定した方がいい。
また外国語が出来なくても、そのことには構わず、作業をしてください。
日本語で言っても相手は内容を理解する、という思い込みの前提で行ってください。

変更2

夜の儀式と、朝の儀式を、続けて「一回の作業」でやっても構いません。
また行う時間に、制限はありませんので、
夜、昼、朝、いつでも構いません。
もともと、夜と朝に、儀式を分けたのは、
睡眠中の無意識的な作業のほうが、効率がいいとの私の判断によるものですが、
入眠前や、起床後の作業の場合には、途中で、
眠くなってしまうタイプの人がいるようですので、このように変更しました。
ただし、元の、睡眠前と起床後に分けるやり方が合う人は、
今までの方法で構いません。
新しい方法は、儀式の時間帯を散らしているので、
混雑による競争率を減らすことが出来ると思います。
この点では、ターゲットの国を限定しないことも、競争率を減らす効果があります。
変更点は以上です。

■なお、「変更事項2」を使う場合にも、回収はいったんまずリングに回収してください。

それで様子を見てみてリングを使わない「直接回収」も自由に試みて下さい。

巻末資料　自我復元の為の呼びかけ方

■第三の重要な変更■

自我復元法の「大きな二つの改変」

対象者は自我復元者の全員です

●この方法は、現在、自我復元をしている全ての人が対象となります。
自我復元率のよしあし、トラウマの有無や、その掘り具合に関係なく、
「全員」です。
私が今回、テスト参加のお願いのメールを出さなかった人も全員含みます。
そして、この方法を今後、「自我復元法」の「スタンダード」とします。

ただし、これは「自我復元法に連続するシステムの一部」ですので、
自我復元法をやっていない人が、いくら行っても、
自己暗示以上の効果は全くありません。

回収した後にワンステップ加わりました

●ここまでは、今までの自我復元法の最後の段階で、回収が終わったところです。
↓

このあとに、次のステップが加わります。

●まず脳をイメージしてください。
脳といっても、変なチャクラのイメージを絶対にしないで下さい。

写真のように「脳模型のような脳のイメージ」が必要です。
↓

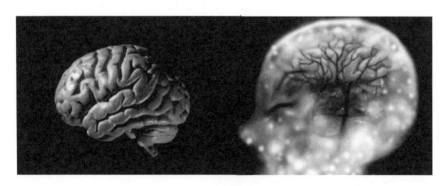

●その脳に向けて、胸の自我から、「約半分ほどの自我」を脳に送り込みます。

この時にも、送り込む先は、漠然と頭部へではなく、
それほど細部までイメージはしなくても良いですから、
とにかく、「脳」の様相をイメージして、
そこに胸から上方に、送り込むようにしてください。
送り込む「速度」は、「10秒から20秒」ほどかけて下さい。

巻末資料　自我復元の為の呼びかけ方

ゆっくりと、光の線を、胸から脳へと、連結してください。
↓

●この時、前述したように、胸から送り込む量は「約半分」に留めてください。
全部を脳に運んだり、頭に上げ切ってはなりません。
必ず「約半分ずつ」に、二つのポイントの量のバランスを保って下さい。
そして、それが終わったら、回収作業を終えます。
特にそのあとに、何かをイメージする必要はありません。
以前であれば、胸に回収したところで終わるのが、
「胸から脳に、半分を供給する」というワンステップが加わっただけです。

この方法の利点

●こうしたイメージは、特段珍しいものではなく、
どこの瞑想ごっこ集団でも、やっています。
ただし、無明庵のこの方法では、他とは「全く異なること」があります。
それは、運んでいるモノが、オーラでもなく気でもなく、
「自我」である点です。
一度取り込んだ自我は、減ったりしませんので、
身体のどこかへ回しても、総量は変わらず、消耗品ではないので、
減ったなどといって、その時に慌てて補充する必要などありません。
（通常どおり、毎日の自我復元をしていればいいだけです。）

言うまでもなく、この「自我」は、他人に送りこむことは不可能ですし、
またこの世界で意識のある生きている他人から、貰うことも不可能です。
その点で、いわゆる「気」とは全く異なります。
従って、自我復元を何ヶ月も着実にして来なかった人が、
この部分だけ真似ても、まったく効果なしです。

●さて、インド的なチャクラのイメージをする人たちの欠点は、沢山ありますが、
まず、文化的にそのイメージが合わない人が多いことです。
次に、イメージがあまりにも漠然としすぎていて、
それでは、身体にはダイレクトにリンクしないことです。
(肉体以外の身体には、そこそこの影響はしますが、反応が遅いです。)
しかし、この方法のように、具体的に「物質的な脳模型」のような
イメージをすることで、
自我を送り込んで、それが効果を出すまでの時間が、おそろしく短くなり、
人によっては、やった瞬間に、すぐさま意識や思考や身体に反映されます。
遅くとも、その日か、次の日には効果が現れます。

●起きた効果については、何人もの人達から、この数日間に、私のところに、
ひっきりなしに、続々と報告がされましたが、
詳細は、ここではあえて書きません。
いつものように、他者の報告を読んで、先入観を持ってしまったり、
無自覚に、同じような事が起きていると「思い込もうとする人」が、
必ず出るからです。

●私のところに来た報告には、共通する特徴が幾つもありましたし、
かなり、興味深いものや、個性的なものが、多かったです。
掘れないトラウマが、この方法を導入した途端に、
突如として掘れはじめた人が、数名おります。

●なお、既に書いたように、これが終わったあとは、
身体全体に回すとか、そういうことは、しないで良いです。
この方法は、前回の投稿で書いた「頭型」「胸型」あるいは、
その二つのバランスの取れているタイプの人、

どのタイプの人がやっても問題ありません。

もともと、回収が胸を使っているので、
頭タイプの人は、今までの方法でもバランスが取れています。
頭には半分しか送り込みませんので、
より頭型へとバランスが崩れることはありません。
逆に、胸タイプの人は、今回の方法でバランスが取れます。

復元法の改変の追加 / その2

●といっても、たったひとつです。

↑
回収後のこの時に、胸の光、あるいは質量ある塊を、
「完全な球体」にイメージしてください。

イメージする時間は数十秒から1分程度でいいです。
そのあとは、先日説明したように、
胸の「約半分」を「脳」に送ってください。

それだけです。
これだけですが、非常に重要です。

胸に漠然と光を描くのではなく、
出来るだけ『完全な球体』にイメージするように心がけてください。

球体が、歪んでいたり、球のどこかが、欠けていてはなりません。
完全な「球体」です。
球体の光の色は好きな色で構いません。

●トラウマ掘りで、つまづいている人が、トラウマが掘れるか掘れないか、
そして、トラウマ掘りを終えた人が、自我復元を、最後まで減速させずに、

加速できるか出来ないか、
何もかもが、今、ここにかかっています。

だから、自我復元をしている、すべての人が、試してください。

●市販されている「DVDの説明」どおりに、「胸」に回収したら、
完全な「球体に成型」し、半分を「脳」に送ってください。
（半分というのは「量が半分」という意味で、
　半球形に割って半分とかにしたら、駄目ですよ。）

そして、もしも明確な変化と確信できるものがあれば、報告してください。

●この方法を思いつくまでに、考え続けて、まる4日かかりました。
現在、私から見て、トラウマが掘りきれていないなどで、
問題となっている数名の人を、
いろいろな角度から、観察し、原因を推察した結果、
この方法にいきつきました。

●そもそも自我復元には謎の部分が多すぎます。

トラウマとはそもそも何であるのかも、これだけトラウマについて語っているのに、
まだ全体像は、解明されていないのです。
ヘドロなど、何かに「喩える事」はできますが、そもそも、希釈自我だと、
どうして他人の価値観や、親の調教がどうやって、何の構造の、
どこに入り込むのかも、まだ未解明です。
そして、自我率の上昇を、どうしてトラウマが妨げるのかも、明確には分かっていません。

●逆にいうと、トラウマを掘れると、どうして自我率が上がるのかも
詳しいことは分かりません。
ただ、そういう結果を、
沢山の皆さんが実際に出したという実績だけがあるのです。

●自我復元を開発した当初は、私は、復元してゆく人は、
トラウマなど掘れて当たり前と思っていましたし、
そもそも、トラウマは自我復元とは別問題として考えていました。
実際、私は「分割自我復元」のDVDの中では、
「自我・意識・記憶」についてしか言及していませんでしたから。

従って、まさか、自我復元に、トラウマが絡んでくるとは思いませんでした。
絡んでくるとは、すなわち、
トラウマの掘れ具合で、自我率の回復が「影響される」という、
その関連性が、どうして生じているのかも分からなかったのです。

●人間の「自己認識の鏡」が歪む原因は、

1. 虐待や恫喝のトラウマによる「恐怖」。
2. ACによる「安心感の欠如（不安）」。
3. 洗脳による「他人のルールの刷り込み（調教される）」。

そして、これら3つそれぞれに、
「自覚系」と「無自覚系」の二種類があるわけですが、
これは、つきつめて言ってしまうと、
その内容のよしあしをどけてしまうと、実は「教育」の実態そのものなのです。
教育というより「ペットや軍隊の兵士」の「調教」といった方が正しいです。

●しかし、なぜ全自我には、その調教が入り込みにくく、
希釈自我だと、他人の調教が入り込みやすいのか、
それは、単に、内圧の弱さや、自我率の低さだけでは説明がつかないのです。
容器の大きさ、容量や体積にも、むろん問題はありますが、
全自我でない人の自我には、
その容器の「形それ自体」にも、問題があったのです。

みなさんは、卓球で使う「ピンポン玉」が、
何かの衝撃で、凹んで、元に戻らなくなるのを見たことがあると思います。

ペコっと凹む、あれです。
もしも小さな凹みであれば、別のところを押せば、球形に戻ることもあります。
それと同じように、希釈自我の「容器」は変形する可能性があります。

●しかし、もしも、人間の自我核が、希釈自我で耐久性が弱かったために、
希釈自我の時期に、トンカチで、ボコボコに叩かれて、
あちこちが凹んだヤカンのように歪んでいたら、
何よりも本人が気持ち悪いに決まっていますし、
内圧のバランスも一定にはなりません。
トラウマを掘るのに必要となる、正常な、自己認識も歪みます。
今回の「改変その2」は、その容器の形の修復のためです。

●つまり、分割自我、希釈自我という劣化品の「乗り物」は、
自我の「圧力の大きさ」を決定していますが、
「誕生した後」に、親、社会などで受ける、

1.「調教」は、形全体に「変形」をもたらし、
2.「心的外傷」は、あちこちに、叩かれて「凹み」をもたらし、
3.「不安」も、形に「不均衡」をもたらします。

つまり、あなたが乗り込んだ自我の「希釈率」は、先天性ですが、
乗り物の「変形」は、
生まれた後に受けた、圧力や、打撃の衝撃による「破損」です。
この変形を元に戻さないと、量と形の両方を完全な自我に戻せません。
完全であるべき球体が、
わずかでも変形したままでは、バランスの取れた全自我にならないのです。

＊＊＊＊＊＊＊＊＊＊＊＊＊＊＊＊＊＊＊＊＊＊＊＊＊＊＊＊＊＊

これと平行して行うべきこと

●自分だけの宇宙のイメージ

自分の生存したい「姿」と、生存したい「宇宙と環境」を、
全く制限なしに、自由にイメージし、
それを必ず、物質としてのスケッチブックに「色鉛筆」で書き込む。
何枚絵を書いてもよい。

****

スケッチブックに自己像を描けなければ、復元もトラウマ掘りも進むはずがない

●「分割自我復元」のDVDの中で、
呼びかけや回収作業と並んで、重視して説明したにも関わらず、
「スケッチブック」に理想とする自己像と理想環境を色鉛筆で描く、
ということを、全然やっていない、または、数回しかやっていない、
という人たちがいます。
重要だからこそ、あのDVDの中で、復元法の部分として説明しているのに、
やらないのですから、
この人たちは、一体、やる気があるのか疑わしくなります。

●なぜ「自分が理想とする自分の姿と、理想とする環境」を、下手でもいいので、
定期的に、色付きの絵に描きなさいと、私が言うのか、いまだに分からない人がいたら、よく考えてみてください。

トラウマに気づくこと、
トラウマが掘れること、
あるいは自我復元そのものが進むこと、
これらが上手く言っている人たちと、
どこかで全く進まなくなる人たちとの、最も大きな違いは、
「理想とする自己ヴィジョン」があるかないかです。

●自分の中に、大げさなものではなく、ささやかなものでもいいのです。
精神的なものではなくて、ごくごく現実的なものでも、
「絶対に、こうなりたい」「こういう環境が必要だ」というヴィジョンがあれば、
「そうではない自分」との間に、ギャップを感じ、違和感を感じ、
よって、「問題意識を生じ、葛藤が生じます。」
そのジレンマと葛藤こそが、モチベーションとなり、
自我復元でも、トラウマ掘りでも、進めてゆくことが出来ます。

●しかし、そもそも、「理想とする自己ヴィジョン」もない、
そんな状態で、全自我になって、何の意味があるのでしょうか？
皆さんが、自我復元をしようと思ったきっかけには、たぶん、二種類あります。

1. なんか、今よりも良くなったり、退屈が減ったり、
　　今よりも、マシにぐらい、なれるのかなぁ～。

2. どうしても自分の、こういうところを変えたいという思い。
　　嫌な自分を絶対に変えて、こうなりたいという夢。
　　「これでも、いいや‥」なのではなく、
　　「これこそが　いい‼」と自分自身に断言をしている人。

「1」の人たちは、大した変化はしませんし、私も興味ありません。
ただ、ひとつの試験的な検体として、
そういう、ボケた低いモチベーションでも、
何らかの効果があり得るのか？を、観察するのみです。

「2」の人たちは、そもそも幼いころから、一環して、
自己嫌悪感や、何か「自分らしくなくて違う」という「違和感」を持ち、
それがモチベーションとなって、
これまで自我復元とトラウマ掘りをしてきたはずです。

●しかし、さらに言うならば、
そうしたモチベーションを維持できている背景には、

その前提として「したいこと」「なりたい自分」「必要な環境」について、
少なくとも、「具体的なヴィジョン」があるはずです。

それは、少なくとも、
ノートやスケッチブックに絵として書けるぐらいの
「具体性」を少しぐらいは持っていたはずです。

●一方で、スケッチブックなど、買って準備すらもしていない人、
準備したが、ほったらかしで、ほとんど何も描いていない人、
そういう人は、前回の私の二つの投稿（死後の生の選択について）を、
何度でも、よく読んで下さい。

「なりたい自分も描けない、欲しい環境も、絵に出来ない」、
「目的」もはっきりしない、
そんな状態で、次の生を選ぶことが出来たり、
生の契約を迫る者を「拒否」することが出来るとでも、
思っているのでしょうか？
今のあなたに、それが出来るのか、
ご自分の頬を、引っぱたいて、自問してください。
また、ヴィジョンもないのに、
これから、別のどこかに生まれて生きることに、
どんな意味があるのでしょうか？
そんな状態の人に、次の生など与える意味がありませんし、
全自我などになっても、全く意味がありません。

●しかも、死後の世界では、
「愛だの、平和だの、覚醒だの、魂の進化だの」、
そんな、うわ言は、一切通用しません。
それらについて、あなたが絵に描いて、CGで表現できるほどに、
あるいは、「情感」で表現して示せるほどに、
「非言語的」な「欲求・望み」を示さないかぎり、
あなたは、次の生では、
同じような希釈自我に生まれ、家畜的な労働以外の生など選択はできません。

巻末資料　自我復元の為の呼びかけ方

●ですから、とにかく、DVDで私が言ったように、
どんな「制限もなし」に、
なりたい「自分の姿と機能」「経験したい世界の環境」を
きちんと、スケッチブックに「色付きの絵」で描いてください。
一ヶ月に一度でもいいのです。
これをしない人、知っているのに、していない人、
やる気のない人、忘れてしまっている人、
そういう人が、95％以上の自我率から一歩も動けなくなっても、
それは当然です。
DVDで、言われている通りにしていないのですから。

＊＊＊＊＊＊＊＊＊＊＊＊＊＊＊＊＊＊＊＊＊＊＊＊＊＊＊＊＊＊

●この「理想とする自己ヴィジョン」を、定期的に絵として描くことが、
どういう重要性を持つか、理解してない人が多すぎます。

自分が自分についての理想を絵にかけば、
それが、とても、つまらない理想図であることに、気づく場合もあり、
それが、非常に曖昧で具体性を欠くものであることに、気づく場合もあり、
それが、本当は、現実逃避の妄想の図だと、気づく場合もあり、
それが、実は自分の理想図ではなく、
他人の模倣や、親からの調教であることに、気づくこともあり、

そうやって、「自分が自分の理想像を描く」という作業の中には、
常に、

「この望みで、本当に納得出来るのか？」
「どうして自分はそれを望むのか？」
という「主体的な自問自答」の作業が発生します。

そうやって「自分の理想像に、こだわること」こそが、
自我復元と、トラウマ掘りを「ひっぱってゆく」のですから。

その「自分を、ひっぱってゆく理想像」もなかったら、
あなたは、自我復元をする意味もないですし、
そもそも、今も次も、生きている意味そのものがないではないですか？

●ただし、生きている意味がないからといって、
あなたが、次に生まれなくて済むなどという、虫のいい話は断じて、ありません。
今（今回）と同じか、おそらくは、それ以下の、
「意志薄弱」な労働力または家畜のような状態の生命として、
再び、ここへ戻ってきます。

＊＊＊＊＊＊＊＊＊＊＊＊＊＊＊＊＊＊＊＊＊＊＊＊＊＊＊＊＊＊

●さて、現在自我率が95％以上にも回復していて、あと少しであるのに、
トラウマがきちんと掘れず、また復元も進まない、そういう人たちについて、
半年ほど前から、私は一日も休めずに頭を悩まし、ずっと考え続けてきましたが、
そういう人たちに「共通」していたのは、
自己に対する「理想の乏しさ」、または「理想がそもそもない」
という点でした。

●ですから、そういう、

理想の薄い人も含めて、
今、自我復元が順調な人たちも、
さらには、既に全自我になっている人も、
全員が「スケッチブック」を、もっとちゃんと活用してください。

トラウマ掘りは、必要不可欠ですが、
それは、今回の生の「過去」に決着をつけるものです。
しかし、未来に、「あなたの目指したい標識」がなければ、
その過去すらも、掘れないのです。

●なぜならば、
なりたい「理想の自己イメージ」を、はっきりと持てない人には、

「主体性」は生まれず、
「問題意識や自己嫌悪」も生ずることなく、
「モチベーション」も維持できず、
それでは、普通の人たちと同じように、これからも、
その場その場の「自他の喜怒哀楽」に振り回されて、生を終えます。

いわんや、自分の理想も示せないような、無目的な人が、
全自我になったり、次の生を、目的を決めて選ぶことなど、
出来るわけがないです。

＊＊＊＊＊＊＊＊＊＊＊＊＊＊＊＊＊＊＊＊＊＊＊＊＊＊＊＊＊＊＊＊

本書を理解する前提となる投稿については、
梅の間掲示板の次のログをご覧ください。

【分割自我理論】とは何か？

http://www.mumyouan.com/k/?U1465

分割自我復元★『概念の確認』

http://www.mumyouan.com/k/?S3

★その他の重要な記事

■「●分割自我の復元に関する「重要な問題」
●http://www.mumyouan.com/k/?U1442

●分割自我という現象の、【概要のみの要約】
http://www.mumyouan.com/k/?U1436

●希釈自我からの脱走
http://www.mumyouan.com/k/?U137

●ルーシュ●「人間という名の薬品原料」
http://www.mumyouan.com/k/?U1375

●地球という「店舗」
http://www.mumyouan.com/k/?U1394

●自我復元は、当然の権利
http://www.mumyouan.com/k/?U1391

●自我復元
http://www.mumyouan.com/k/?U1390
●人間を超えたあなたの姿
http://www.mumyouan.com/k/?U1386

＊＊＊＊＊＊＊＊＊＊＊＊＊＊＊＊＊＊＊＊＊＊＊＊＊＊＊＊＊＊＊

その他の参考になる投稿

●人間の自立に関する投稿-1
http://www.mumyouan.com/k/?U1381

●人間の自立に関する投稿-2
「おい、いいかげんに、目を覚ましたらどうなんだ？」
http://www.mumyouan.com/k/?U1381

●地球での本来の生存目的
http://www.mumyouan.com/k/?U1393

●悟りに対する勘違い
http://www.mumyouan.com/k/?U1374

●無明庵における最も基本的な宇宙観
http://www.mumyouan.com/k/?U1371

基本掲示板

■「桜の間掲示板」■（分割自我復元の「サポート情報」あり）
http://www.mumyouan.com/k/sakuranoma.html

■「梅の間掲示板」■
http://www.mumyouan.com/k/umenoma.html

■「竹の間掲示板」(「書」のご注文方法)の投稿があります■
http://www.mumyouan.com/k/takenoma.html

■無明庵サイト・メインページ■
http://www.mumyouan.com/

■悟りに関する情報ページ■
「虚無宇宙からの伝言」
http://www.mumyouan.com/e/eo-i.html

復刊 無明庵 EO シリーズ

A5 版 / ソフトカバー / 本体価格 2500 円
2019 年 5 月より随時刊行予定

1. 廃墟のブッダたち 銀河の果ての原始経典

本書はかつて誰も語らなかった地球人類の歴史、宇宙史全体の内幕を解説する。
ただし、これは SF ではない。
全宇宙を管理する統率システムがファシズムのごときものであり、全生命体は宇宙の単なる実験生物、家畜、穀物であるというこの事実の中で、我々がどう生きて死ねるのかを真剣に問う。カルトが蒼ざめた EO の初期法話集。

2. 続 / 廃墟のブッダたち 輪廻なき絶対無への帰還

我々のあらゆる希望が死滅する時、その時にのみ人類は『正気』に戻る事が可能になる。
「人は夢と希望によって生きるのだ」などというチンプな人生論を徹底的に叩きつぶしながら展開する、前代未聞の『死の美学』と『無力の哲学』。前著の補足として編集された貴重な質疑応答集。

3. 地球が消える時の座禅 真夜中の禅寺

真の大悟者とは人類のエリート的頂点にいるような覚醒者のことではなく、良寛や寒山のごとく、無知と大愚を深く愛する者のことである。
人間が人間であることなどを、すっからかんに忘れ去ってこそ、本当の原始仏教、TAO イズムと禅の法脈は、再びその「神秘の息」を吹き返すのである。

4. ひきつりながら読む精神世界
間抜けな宇宙の支配者たち

白熱する人類と神との壮絶な問答。白熱する猿と賢者「荘子」との問答。
心霊、オカルト、宗教、セラピー、瞑想、チャネリング、UFO問題の
何もかもを網羅したと自負する者が、本書によって受けたショックと刺激は計り知れない。人々が漠然と教え込まれた宗教の主張する神の矛盾、精神世界の矛盾、そして宇宙全体の存在理由について深く考えさせてくれる貴重なエッセイである。

5. 廃墟のブッダたち / 外伝 狂気の法脈

『廃墟のブッダたち / 続 --- 廃墟のブッダたち』、『地球が消える時の座禅』『ひきつりながら読む精神世界』には編集されなかった、いわばEOの「場外乱闘問答集」。
前半で繰り広げられるおなじみの毒舌と精神世間への批判もさることながら、後半の禅の説法における『悟後の修行』としての愛の定義には多くの禅師と瞑想者たちが感嘆の息を漏らしたと伝えられている。また本書は行法についてとりわけ詳しく解説されている。

6. 小さなブッダの大きなお世話
続廃墟のブッダたち / 外伝

ただ一人の弟子だけに向かってEOが語り続ける、きらめくような法話と雑談集。
一人の弟子だけに語ることでのみ生まれる、その凝縮した法の言葉の「結晶」。幸福感や嫌悪感、そして殺意、罪悪感、盲信、偽善などを始めとする人間の性（さが）にEOの洞察が深く切り込むとともに真の悟り、解脱とは何かを明らかにする名作である。EOの青年時代の回想なども、ここで初めて語られる。「死人伝」の一部を再編集。

7. 反逆の宇宙 非存在への旅

希望が砕かれた時、そこに無心がある。
仏教徒たちを「宗教オタク」とそしり、輪廻する魂の無駄と進化の絶望を説き、探求の旅の本質を克明に解説する哲学書。
上座仏教、和尚のサニヤシン、その他の宗教徒たちへのEOの生前のメッセージが激しい口調と独特の深淵な洞察によって語られて行く。また世間で横行しているような幻想と欺瞞の「ポジティブ思考」を拒否して、知性的に物事を解析してゆく広大な宇宙論。
なお本書には、EO師が大悟する直前までメモをしていた宇宙に関する「苦悩時期」の貴重な記録が掲載されている。

8. 虚無の微笑 悟った人たちへの伝言

無明庵に門外不出の書として保管されていた、EOの悟った人にあてた珠玉のメッセージ。後半は死人禅実習者による、精神的な格闘と悟りにいたった記録が収録されている。

9. 闇のタオイズム

EOの既刊書8作品から、EOの言葉のみを内容別に厳選したオムニバス・ブック。他、未発表の原稿も約60頁追加され、本格的な行法の実習にはきわめて便利な一冊である。従来のTAOイズムや禅の概念をぶち破るもうひとつの『闇』の悟りの世界。

10. ゾンビ化する人々

「ゾンビ化する人々」、それはあなたのまわりにも沢山います……
本書は、「ゾンビ族」をふくめ、人類を4種類に分け、世間にいるその「ゾンビ」の識別法のマニュアルであると同時に「ゾンビ対策マニュアル」にもなっている。無明庵ホームページ「竹の間」に投稿された文章を再編集した、EOによるいまだかつてないタイプ論である。

11. 悟りなき悟り

私たちの日常の「現実に対する違和感」といったものから、「悟りに至る接点」を探る本。普通の本では決して語られることのない悟りの複雑な本質や、導師の周囲にいる者が注意すべき点、そして、かつてないシンプルさで「悟りの段階」を「再定義」し直している。個人で瞑想や座禅をしている人は、「必見の書」。

12. 分割自我復元理論

地球史上のある時期を境にして、人間の「自我」というものが分割・希釈されたという理論を元に作られた「自我の復元法」を公開。
精神世界史上、前代未聞の「理論と方法」である。方法と概要も収録。

13. バナナを創った宇宙人 単位分割禁止法

もしも異星人に出会ったらば、たったひとつの頼み事をしようと思っている事がある。それは、「バナナを創った宇宙人に、ぜひ会いたい」。
この地球という惑星に存在する、食物の中でバナナほど見事な作品はない…。
本書では「分割自我復元」、「死後探索」など前著からのテーマを引き継ぎつつ、著者による過去との記憶の断片を、独り言のように綴られた貴重な論考集となっている。

14. 廃佛録

EOの遺品から見つかったオリジナル原稿「廃墟のブッダたち」を収録。同名タイトルの単行本とは異なる内容、編集のため、EOの新たな一面が垣間見えるだろう。大悟前の狂気のはらんだ文章から、茶目っ気のある雑話など、若かりしEOのエッセンスが凝縮されている。初単行本化。

著者略歴

無名庵　回小（むみょうあん　エオ）

1958年 東京にて製造完了。
14才の時に悟りの一瞥を体験して以来、23才まで各種神秘学、TAOなどに
親しむが、特定の宗教や、団体には一切所属せず。

24才より33才まで探求の主軸が超心理学、魔術、幾何学、UFO問題に
傾倒する。そして30才のころより偶発的に独自のチャネリングを開始し、
銀河系の裏ネタ的情報を得る。
33才、それらへの統括的結論と思索の結果、全生命と存在に絶望する。

1992年2月17日、偶発的に大悟見性。
以後約1年間、瞑想センターのセラピストや瞑想者たちへの一方的文書の郵送が
開始される。ほとんどの者たちが黙殺する中、3名の門下が誕生する。
1993年8月より指導と方便が突然に禅に傾倒し禅寺本山、地方禅道場の僧侶、
師家への文書郵送が続く。その中より弟子が誕生。

伝統や形式にしがみつく禅そして導師を盲信的に信奉する瞑想センターとの
絶え間無い摩擦や反感の中を流れつつ、ひそかに彼の文書は多くの瞑想者や
寺の座禅者たちに個人的な手紙や機関誌の形で大切に保管され、仏法、禅、
瞑想修行、TAOの裏街道ではカリスマ的存在として認識されている。

1995年、まんだらけ出版より「廃墟のブッダたち」シリーズ5作が発売される。
以後「反逆の宇宙」「小さなブッダの大きなお世話」「虚無宇宙からの伝言」が
自主出版される。

2017年2月入滅。

※編集部より
生前はEO師の意図で鈴木崩残と名乗っておりましたが、EOと鈴木崩残は同一人物です。
EO師の死後、許可を得ましたため、本シリーズは、著者名をEOと統一しております。

E O

―――――――――――――――――――――――――――――――――――
分割自我復元理論

2011 年 8 月 8 日　CD-ROM版初版発行
2019 年 5 月 4 日　初版発行
著　者：ＥＯ
発行者：古川益三
発行所：まんだらけ出版部
　　　　〒 164-0001
　　　　東京都中野区中野 5-52-15
　　　　TEL 03-3228-0007(代表)
印刷所：大日本印刷株式会社
―――――――――――――――――――――――――――――――――――
©Mandarake
2019.Printed in Japan

ISBN978-4-86072-161-9 C0011